Introduction to Economics for Young Readers

高校生からの
経済入門

中央大学経済学部 編

中央大学出版部

本物と出会い、本物になる。
未来を創る中央の経済

中央大学経済学部のもつ底力を若い学生たちに確実に伝えたい、社会のいかなる場所にあっても人々に信頼され、力強く活動できる「未来を創る若者たち」を育てたい、これが私たちの共有する想い・願いです。

　中央大学経済学部では、日々、研究教育に研鑽を積む教員が、効果的な初年次教育や多様なテーマからなるゼミナールを通じて、また、海外を含むインターンシップなどのキャリア教育、グローバル・リーダーズ・プログラムなどのグローバル対応教育を通じて、本物の教育を行っています。

　本学の建学の精神「實地應用ノ素ヲ養フ」、ユニバーシティ・メッセージ「行動する知性。」を踏まえて、経済学部の＜スタッフ・カリキュラム・奨学金＞の三位一体のバックアップで、学生一人ひとりを、これからの社会になくてはならない人間に育ててまいります。

中央大学経済学部キャッチコピーのウェブサイトはこちら

はじめに

1.「経済」の語源

　高校生のみなさんは中国の古典に登場する「経世済民（けいせいさいみん）」という四字熟語を知っていますか。経は治める、世は世の中、済は救う、民は人民をそれぞれ意味しますから、経世済民は「世の中を経（おさ）め、人民を済（すく）う」ということになります。経済の語源は、この経世済民にあります。したがって経済学は、「世の中をどんどん良くして、人々を幸せにしていく学問」であると言えます。

2. 中央大学経済学部の理念

　中央大学は、1885年7月に、増島六一郎をはじめとする18人の少壮法律家により英吉利（イギリス）法律学校として創立されました。1905年には経済学科が新設され、これが中央大学経済学部の始まりです。

　中央大学経済学部は、「冷静な思考力と温かい心を持った国際的な視野に立つ経済人を養成すること」を理念としています。冷静な思考力（cool heads）と温かい心（warm hearts）は、イギリスの高名な経済学者アルフレッド・マーシャル（Alfred Marshall　1842-1924）がケンブリッジ大学の教授就任講演（1885年2月24日）で述べた言葉です。そこには、冷静な頭脳（論理的思考）で、しかし社会的弱者に対する温かい心をもって社会的な苦難を打開して欲しい、というケンブリッジ大学の学生に対するマーシャルの願いが込められていました。その根底には、経済学の理論を現実に適用して世の中を良くしたいというマー

シャルの哲学があったと言えます。これはまさに「経世済民」の考え方に通じます。

今日では地球温暖化問題のように、国境を越えた国際社会が協力して取り組むべき課題が発生しています。後半の「国際的な視野に立つ経済人」は、このようなグローバルな課題にも向き合って活躍する人材を養成したいという意味です。

3. 本書の狙い

本書は、「はじめに」と「おわりに」を除くと全部で10章から構成されています。いずれの章も高校生のみなさんにとって身近な経済問題に焦点を当て解説していますが、読んでいるうちに、きっとさまざまな疑問がわいてくるはずです。その疑問を解くためには、経済学の学修が必要となるのです。本書の狙いは、高校生のみなさんに経済問題に興味を持っていただき、「経済学の学びへ誘う」ことにあります。

末筆ながら、中央大学附属高等学校 大高知児教諭、中央大学杉並高等学校 齋藤祐教諭には、出版企画書および原稿に目をとおしていただき、数多くの貴重なご助言を賜りました。記して心より感謝申し上げます。

2017年5月1日

中央大学経済学部長　　篠原　正博

目次

はじめに ……………………………………………………………… i

第1章 どうして大学へ行くの? ……………… 001
──大学進学のコスト・ベネフィット

1. どうして大学に行くの?
2. 人々の意志決定
3. 進学のコスト
4. 進学のベネフィット
5. なぜ進学率は高まったのか

第2章 それでもあなたは ……………………… 021
子どもをもちますか?──日本の少子化

1. 子どもが少なくなるとどうなるの
2. 子どもをもつことの経済学的な意味
3. 子どもが生まれたら良いこと
4. 子どもが生まれたら負担しなければならないこと
5. 経済学的に考えた、子どもをもつということ
6. どうすれば子どもをもつ人が増えるのでしょうか

第3章 女子が「働く」って …………………… 039
「ツラい」こと?──現代日本の労働環境

1. はじめに──日本の女性の働き方について考えてみましょう
2. どうして「就活」するの?
3. 日本で働く女性の現状はどうなっているの?
4. これまでの「働き方」の中で、働く女性は「活躍」できる?
5. 「家族内ワーク・ライフ・バランス」が女性の働き方に与える影響
6. この国で働くすべての人が安心して働き続けるために

iii

第4章 お金って何だろう? ……… 055
──貨幣と金融

1. もしもお金がなかったら?
2. 価値のない紙のお金がなぜ使えるの?
3. 紙のお金じゃないお金!?
4. お金を増やせば景気も良くなる?

第5章 えっ? 高校生って ……… 071
国の借金払ってるの?──財政赤字と民主主義

1. あなたは、すでに多額の借金を背負っている!
2. そもそも、なぜ借金していいの?
3. 高校生が借金を背負うことの本当の問題点はこれだ!
4. どうやって借金に立ち向かう?

第6章 経済ってどうやって測るの? ……… 087
── GDPと物価

1. モノは安ければ安い方が良いよね?
2. モノの値段の動きを指数で捉える
3. モノの値段の変動と国の経済との関係
4. おわりに──経済を測ることの必要性

第7章 食料は自給しなければ ……… 105
ならないの?──食料自給率と日本農業

1. 和食は国産の食材でつくられている?
2. いろんな食料自給率とその動き
3. 食料自給率が低下した理由を考えよう
4. 食料自給率は上げた方がよいの?
5. 食料自給率の向上に必要なこと

第8章 そのスマホ、メイドイン何? ………… 121
　　　　——自由貿易の利益

1. 身の回りのモノはどこから来ているの?
2. そもそも貿易ってなんだろう?
3. 貿易にはどんな種類があるの?
4. なぜ貿易を制限するといけないのか?
5. なぜ不公正な貿易が経済にとって望ましくないのか?

第9章 爆買いから見える ………… 139
　　　　日系企業の成功とは?——日中経済のかかわり

1. なぜ中国人観光客が急増しているの?
2. なぜ中国は「世界の工場」と呼ばれたの?
3. 中国は「世界の市場」になれる?

第10章 課題山積みの日本が、 ………… 153
　　　　途上国に協力する必要ってあるの?
　　　　——途上国の貧困と環境問題

1. 課題先進国の日本が途上国を助けている場合なの?
2. 途上国の子どもはなぜ学校に行かずに働くの?
3. 途上国ではなぜ環境問題が起きているの?
4. 依存しているのは途上国? それとも日本?

おわりに ………… 169

第 1 章

どうして大学へ行くの？

大学進学のコスト・ベネフィット

1. どうして大学に行くの?

この本を読んでいるあなたは、大学や短大などへの進学を考えていると思います。では、大学や短大への進学率が過去どのように推移してきたかを知っていますか。図表1は大学および短大進学率の推移を示しています。**進学率**は、高校を卒業した人のうち大学や短大に進学した人の割合を計算したものです。

図表1から分かるように、1980年代には男性の大学進学率は30％半ばで、高卒者の3人に1人が大学に進学していたという状況でした。一方、女性の大学進学率は10％程度、ほぼ10人に1人くらいでした。これに対して現在では、男性の大学進学率は55％程度で、高卒者の2人に1人は大学に進学しています。女性の場合も45％を超えており、ほぼ2人に1人が大学に進学しています。30年前は一部の高校生しか大学に進学することはできなかったのが、今では高校生の半数が大学に進

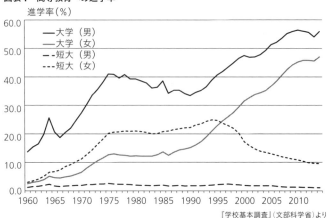

図表1　高等教育への進学率

『学校基本調査』(文部科学省)より

学するのが当たり前になったとも言えます。

では、なぜ大学に進学する人が増えたのでしょうか。図表2は、ベネッセという会社が大学生に対して調査した、進学の理由を示しています。このデータによれば、男性も女性も「将来の仕事に役立つ勉強がしたいから」と答えている人が80%以上になっています。次いで「専門的な研究がしたい」、「幅広い教養を身につけたい」と続き、6割程度の人は「大卒の学歴が欲しいから」となります。

この本の読者のなかには、公認会計士や税理士になりたい、あるいは弁護士になりたいという人がいるかもしれません。あるいは、様々な資格をとりたい、と思っている人もいるかもしれません。「資格や免許を取得したいから」という理由で大学に進学している人も6割程度います。これらの理由以外にも、「先生や家族が勧めるから」、「周囲の人がみな行くから」、「自由な時間を得たいから」、「すぐに社会に出るのが不安だから」など、様々な理由から大学に進学しているようです。

図表2　進学した理由

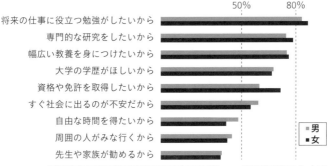

経済産業省委託調査『進路選択に関する振返り調査』(Benesse教育研究開発センター)より

第1章　どうして大学へ行くの？

では、みなさんの大学進学という行動は筆者のような経済学者の目にはどのように映っているでしょうか。経済学ってどういう学問なのかを考えるためにも、大学進学の行動を経済学者はどう分析しているかを見てもらいたいと思います。そうすれば、経済学とはどういう学問かということについて理解が進むと思います。それでは早速、みなさんの大学進学行動を経済学で分析していきましょう。

2. 人々の意志決定

　私たちは、何かを行うかどうかを決めようとするとき、どのように考えているでしょうか。

　私たちが何かをしようとするのは、それをすることによって何か良いことがあるからではないでしょうか。経済学では、この「何か良いこと」のことをベネフィット（便益、利得）と呼びます。でも、何かをすればそれによって失うこともありますね。この「失うこと」のことをコスト（費用）と呼びます。

　経済学者は、得られる**ベネフィット**と失う**コスト**が、人々の意志決定に影響すると考えます。つまり、もし何かをすることで得られるベネフィットがコストよりも大きければ、人々はそれをしようとするでしょう。逆に、ベネフィットよりもコストの方が大きければ、人々はそれをしないことにするでしょう。つまり、

　　ベネフィット＞コスト⇒行動する
　　ベネフィット＜コスト⇒行動しない

ということになります。

　読者のみなさんのなかには、日常でベネフィットやコストを考えて行動してなんかいないと思っている人もいるかもしれません。ですが、よく考えてみてください。

　たとえば、ペットボトルの水を買おうかどうかをみなさんが思案しているとしましょう。水を買えば、のどの渇きをうるおすことができて、なんらかの満足を得られるはずですよね。でも、みなさんが水を買うためにはお金を支払わなければなりません。

　さあ、このときにみなさんはどのように思案しているでしょう。きっと、水を買って飲むことで得られるベネフィットと、水を買うコスト、この大小関係で決めているのではないでしょうか。たとえば季節が夏で暑い日であれば、水をたくさん飲みたいわけです。そういうときはお金を払ってでも水を買っても良いと思うでしょう。しかし、冬であれば喉が渇くことは少ないですから、わざわざ水を買おうと思うことは少ないのではないでしょうか。

　このように、水を買うか買わないかを意志決定するさいには、水を買うことによるベネフィットとコスト、どちらが大きいかを心の中で考えているはずです。

　それでは、進学行動についてはどう考えれば良いでしょうか。高校を卒業した後、みなさんの進路は大きく就職するか、進学するかの２つになります。すると、就職するときのベネフィットとコスト、進学するときのベネフィットとコスト、これらをみなさんは考えて進学するか就職するかを考えるのだろうと思うのです。

第1章　どうして大学へ行くの？　　005

では、就職した場合と進学した場合のそれぞれについて、ベ
ネフィットとコストを具体的に考えてみましょう。まず、就職
する場合です。就職して働けば、給料をもらえます。ですか
ら、給料をもらうことは就職することのベネフィットになるで
しょう。コストはどうでしょう。就職した場合、これといった
コストはかかりません（仕事をする分だけ自由な時間が減りますが、
大学に通ったとしても同様にその分だけ自由な時間は減ります。）

　一方、大学に進学すれば将来の仕事に役立つ勉強や専門的な
研究ができて、卒業後には大学卒の賃金が得られます。一般的
にはこれが進学のベネフィットになるでしょう。しかし大学に
通うためには、授業料を払ったり、教科書や参考書を揃えたり
しなければなりません。さらに大学に通うと、あとで説明する
別のコストを支払う必要があります。

　ここで、それぞれのベネフィットからコストを引き算したも
のを純ベネフィットと呼びましょう。

　　ベネフィット－コスト＝純ベネフィット

すると、就職するか進学するかの意志決定には、就職した場合
の純ベネフィット（＝就職したときのベネフィット－就職したときの
コスト）と進学した場合の純ベネフィット（＝進学したときのベネ
フィット－進学したときのコスト）の大小関係で決まります。つま
り、

　　就職した場合の純ベネフィット＞進学した場合の純ベネ
　　フィット　→　就職する

就職した場合の純ベネフィット≦進学した場合の純ベ
　　フィット　→　進学する

となります。

　これをもう少し簡単に言うと、高校を出てすぐに働いたほう
が良いのか、大学を出てから働いたほうがよいのか、というこ
とになります。ここでの純ベネフィットは（働くと得られる所得）
−（進学すると支払うコスト）と考えることができますので、もし
高卒の純ベネフィットのほうが高ければ就職をしたほうが良い
し、大卒の純ベネフィットが高ければ進学をしたほうが良い。
このように人々は進学の意志決定をしていると、経済学では考
えるのです。

　この考え方が現実にどれだけ当てはまるかについて、進学率
の動きから確かめてみましょう。例として、女子の進学率の動
きに焦点を当ててみます。図表1に戻って女子の進学率を見
ると、1980年代までは大学進学率は低かったのですが、短大の
進学率は高かったことがわかります。この時期の女子が短大に
は進学していて、大学に進学していなかったのかはなぜかと言
うと、大学を卒業しても女子の就職先があまりなかったからで
す。大学に進学するよりも、むしろ高卒や短大卒のほうが就職
先は多く、良い仕事に就いていたのです。つまり、大学に進学
するベネフィットが、高卒や短大卒の純ベネフィットよりも小
さかったのです。

　ところが90年代になると、短大卒よりも大卒のほうが就職
先は多く、良い仕事に就けるようになりました。90年代以降
は、女子にとっても大学に進学する純ベネフィットが相対的に

第1章　どうして大学へ行くの？

大きくなったのです。

これと同じことが、男子の進学率の動きにも当てはまります。このように進学率の変動は時代とともに変動しているように見えるのですが、それには大学に進学するベネフィットとコストが影響しているということなのです。

3. 進学のコスト

さて、これからみなさんが大学に進学するとしましょう。いったい進学のコストはどのくらいになるでしょうか。

図表3は文部科学省が調べた大学進学の費用です。文科系学部や理科系学部、医歯系学部、その他学部のそれぞれについて調べており、上段にあるのは私立大学への進学費用です。たとえば、私立大学の文系学部に進学すると、授業料は年間74万2千円、入学金が24万6千円、施設・設備費が16万円くらいとなっています。合計すると、年間114万9千円となります。

読者のみなさんはこれを見て、「そうか、大学4年間ではこ

図表3 大学の学費

	授業料	入学料	施設設備費	合計
文科系学部	742,478	246,749	160,019	1,149,246
理科系学部	1,043,212	265,595	187,236	1,496,044
医歯系学部	2,764,631	1,036,391	863,538	4,664,560
その他学部	946,556	271,318	244,073	1,461,948
全 平 均	860,072	264,390	188,063	1,312,526

文部科学省「平成25年度私立大学入学者に係る初年度学生納付金平均額調査」（昼間部）より

	授業料	入学料	施設設備費	合計
国 立 大	535,800	282,000	（大学による）	816,800+α
公 立 大	537,857	397,721	（大学による）	935,578+α

文部科学省「平成26年度学生納付金調査」（昼間部）より

の4倍の400万円ぐらいかな」と考えると思います。でも、さらに細かいことまで含めると、たとえば通学にもお金がかかるし、教科書や参考書も買わなければなりません。部活やサークルに入れば、部費や合宿代も必要です。それから、もしかしたら1人暮らしをすることになれば、その費用もかかります。そういうものを含めていくと、もっともっと費用がかかります。

　でも、経済学者はこれらだけが費用だとは考えません。進学にはもっともっとコストがかかっていると経済学では考えます。進学のコストでもっとも大きいのは、大学に4年間行くことによる**機会費用**と呼ばれるコストです。

　機会費用とは、何か1つのことを選択することによって、犠牲にした別のことから得られたベネフィットのことです。たとえば、みなさんは今、この本を読んでいますが、もしこれを読んでいなければ何をしていたでしょうか。もしかしたら勉強をしたり、遊びに行ったり、いろんなことができたはずです。でもそれを犠牲にしてこの本を読んでいるわけですよね。つまり、この本を読むことによって、勉強したり遊んだりすることで得られたベネフィット分だけの機会費用が発生していると考えるのです。

　大学に進学した場合にも犠牲にするものがあります。高卒で仕事をすれば得られた所得がそれです。高校を卒業したら仕事もできるわけですが、大学に進学すれば仕事はできません。ですから、大学に進学するということは、高卒で仕事をしたら得られた所得を犠牲にすることになるのです。厚生労働省の『賃金構造基本統計調査』という資料によると、高卒者の18〜21

歳までの所得は、男性の場合には合計753万円、女性の場合には約646万円になっています。大学に進学すれば、これだけ多額の所得を犠牲にすることになるのです。

そうすると、進学のコストはトータルで、教科書代などの費用に機会費用の約750万円を足すと、軽く1000万円を超えてしまうことになります。大学に進学すると、1000万円以上のコストを払うことになるという感覚を持ってください。

4. 進学のベネフィット

以上のように、進学のコストが1000万円以上もかかるということがわかりました。では、1000万円以上のコストをかけて大学に進学すると、どの程度の（経済的な）ベネフィットがあるのでしょうか。

ベネフィットには、好きな勉強ができるとか学歴が得られるとか、いろいろありますが、図表2の調査結果でもそうですが、よい仕事につけてよい給料をもらえるということが一番大きな進学のベネフィットになるのだろうと思います。

では、大学卒業後に働いたら、どれくらいの給料がもらえるでしょうか。1000万円以上のコストをかけて大学に進学するのですから、高卒の給料よりも高いはずです。でも、ある一時点、たとえば22歳の卒業時点で給料を比較しても意味がありません。高校や大学を卒業してから仕事を引退するまでの給料の合計を比較する必要があります。これを、その人が一生涯にわたって稼ぐ所得という意味で、**生涯所得**と呼びます。ただし、その人が一生かけて稼げる賃金は労働生活を引退した時点

図表4　年齢別賃金プロファイル〔2014年、年収〕単位：万円

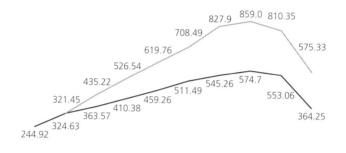

でないと厳密にはわかりません。そこで、現在働いている人々が稼いでいる給料から生涯所得を計算してみます。

図表4は、それぞれの年齢階級で年間の給料がどの程度もらえるかを示しています。元となっている資料は、厚生労働省『賃金構造基本統計調査』で、この資料は日本で働いているサラリーマンの給料を詳しく調べています。この図に描かれている年間給料は、毎月決まって支給される給料を12倍して、それにボーナスを加えて計算しています。

年間給料が一番ピークとなる50〜54歳でみると、大卒男性で年間859万円ほど、高卒男性は575万円ほどが、それぞれもらえることがわかります。これから生涯所得を計算すると、大卒の場合：22〜24歳までの3年間は964.35万円（＝321.45万×3）で、25〜29歳までの5年間は2176.10万円（＝435.22×5）となるので、これらを一般に仕事を引退すると考えられる64歳まで足し上げます。すると、大卒の生涯所得は2億7777

第1章　どうして大学へ行くの？　　011

万円ほど、高卒の生涯所得は2億1022万円ほどになります（2014年度のデータ）。なお、これらは高校や大学を卒業した人の給料の、あくまでも平均値です。大きい会社に勤めて高い給料をもらっている人もいるし、中小企業でそこそこの給料をもらっている人たちもいます。それらを全部あわせるとだいたいこれくらいになるということです。

　このようにみると、高卒の生涯所得に比べて大卒のそれは6755万円ほど高いので、確かに大学進学のベネフィットはありそうです。しかし、大学に進学すべきかどうかは、進学のコストと比べてみないとわかりません。

　ただし、進学のベネフィットとそのコストを比べるとなると問題が生じます。生涯所得が約40年分の給料を足し上げて計算しているのに対して、進学コストは大学4年分の合計に過ぎません。40年以上かかる話と4年だけの話を比較するというのもおかしな話です。

　そこで、40年分の給料を今もらったとしたらいくらになるか、ということを考えることにしてみましょう。今もらう生涯所得と今払う進学コストを比較することになれば、時間の問題はなくなるはずだからです。生涯所得を今の所得に計算したものを、生涯所得の**割引現在価値**と呼びます。

　ここで、割引現在価値の計算方法について説明しておきましょう。そのためには、まず複利計算について説明します。いま、金利が年利10％だとします。元金が100円とすると、1年後には金利分の10円がついて110円（＝100×1.10）になるはずです。複利計算では、元金100円に利子10円を組み入れて元金とするので、2年後になると、1年目の110円に金利分11

図表5　複利計算と割引現在価値

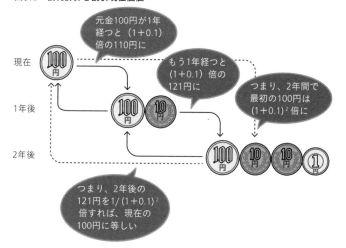

円がついて121円（＝110×1.10）となります。これは100×$(1.10)^2$です。これを順次繰り返していくと、N年後には100×$(1.10)^N$となります。

　ところで、年利10％の場合には、今の100円が1年後には110円になったということから、1年後の110円は今の100円ということが言えますね。つまり、110を1.10で割り算すれば良いのです。これが1年後の110円の割引現在価値です。すると、N年後の100円の割引現在価値を計算するには、100÷$(1.10)^N$を計算すれば良いことがわかると思います。複利計算の逆を計算すれば、割引現在価値が求められるという話です。たとえば2年後の100円は、現在の82.6円（（＝100÷$(1.10)^2$）ということになります。

　では、先に計算した生涯所得の割引現在価値を計算してみましょう。ここでは割引率（上の金利のことです）を5％とする

と、大卒の生涯所得の割引現在価値は約8200万円となります。つまり、1000万円以上のコストを支払って大学に進学すると割引現在価値で8200万円のリターンが得られるということになります。一方、高校を卒業した場合ですが、生涯所得の割引現在価値は約7200万円になります。つまり、高卒と大卒の生涯所得の差は約1000万円となります。大学進学のコストは1000万円以上ですが、大学に進学しても得にも損にもならないようです。

5.なぜ進学率は高まったのか

ところで、図表6は生涯所得の割引現在価値の推移を見たものです。これを見てみると、だいたい1995〜96年あたりがピークで、それ以降は高卒も大卒も生涯所得は下がっています。ここで高卒者と大卒者の生涯所得の比率を計算してみると

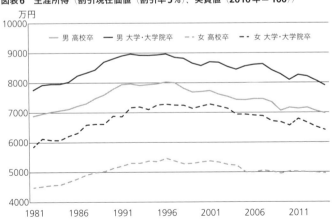

図表6　生涯所得（割引現在価値（割引率5%）、実質値（2010年＝100））

（図表7）、高卒者の期待生涯所得を100として、大卒者のそれは男性の場合112〜113ぐらい、高いときで115ぐらい、で推移しています。つまり、男性の場合は、高卒者よりも大卒者の方が生涯所得は12〜13％前後高いということになります。一方、女性の場合は、高卒者の130程度で推移しており、30％ほど大卒者の生涯所得が高いと言えそうです。以上のことをまとめると、①1996年をピークに高卒者も大卒者も生涯所得は低下傾向にある、②高卒者と大卒者の生涯所得の格差は大きくは拡大していない、③ただし、男性に比べて女性の方が高卒―大卒間の格差は大きかった、ということになります。

　ここで、図表1で描かれた大学進学率を思い出してみてください。大学進学率は一貫して上昇していました。しかし、図表6の生涯所得は1995年以降では低下していました。大学進学のベネフィットが大きくなっているわけではないのに、進学

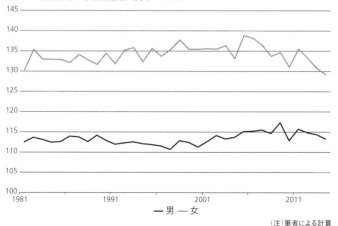

図表7　生涯所得の学歴間格差（高卒＝100）

（注）筆者による計算

率が上昇しているのです。

　では、大学進学のベネフィットが高まっていないのに、なぜ進学率は高まっているのでしょうか。これには様々な理由が考えられると思いますが、ここではその1つを紹介して終わりにしたいと思います。

　大学進学率が上昇している背景として考えられる理由の1つは、高卒ではあまり良い仕事に就けない可能性が高いという事実です。図表8は20歳代前半までの高卒者と大卒者の就業状況を見たものです。この図表にある就業者とは、仕事をしている人のことを言い、雇われて働いている雇用者だけでなく、自営業者や会社の役員などもそれには含まれます。また、雇用者には正規の職員・従業員だけでなく、パートやアルバイト、派遣社員なども含まれています。

　すると、この図表からはまず、就業者も雇用者も1997年に比べて2012年の人数が、高卒者も大卒者も減少していることが分かります。少子化の影響で、若い人たちが減っているからです。若い人たちの人数が減っていれば競争はやさしくなるため、進学や就職が少しは楽になってもおかしくはないはずで

図表8　高卒者と大卒者の就業状況

| | 高校・旧制中卒業者 | | | | 大学・大学院卒業者 | |
| | 18～19歳 | | 20～24歳 | | 20～24歳 | |
	1997年	2012年	1997年	2012年	1997年	2012年
就業者	627	322	3043	1471	826	957
雇用者	608	317	2925	1438	812	947
うち正規の職員・従業員	467	220	2377	907	708	743
就業者に占める雇用者の割合	97.0%	98.4%	96.1%	97.8%	98.3%	99.0%
雇用者に占める正規の職員・従業員の割合	76.8%	69.4%	81.3%	63.1%	87.2%	78.5%

（注）単位は千人

総務省統計局『就業構造基本調査』より

す。実際のところ、大学は少子化でほぼ全入時代を迎えており、以前よりも進学はしやすくなっていると言われます。

　ところが、就職の環境はむしろ厳しくなっています。雇用者に占める正規の職員・従業員の割合を見てください。18〜19歳の高卒者では76.8%から69.4%へと、この15年間で正規の職員・従業員として働く人の割合が落ちています。さらに高卒者の20〜24歳では、この割合が81.3%から63.1%へと大きく落ち込んでいるのです。大卒者の20〜24歳でも、この15年間で87.2%から78.5%へと落ちていますが、高卒ほどではありません。この間の高卒者の就職環境は悪化しており、正規の職員・従業員として働く高卒者は減って、代わりにパートやアルバイト、あるいは派遣社員といった仕事で働く人、いわゆるフリーターが増えているのです。

　こうした高卒者の就職環境の悪化が、大学の進学率を高めているのかもしれません。高卒では良い仕事に就けないかもしれないけど、大学に行ったらきっと良い仕事に就けるだろうと、みなさんも期待しているでしょう。そうした期待が、進学のコストとベネフィットから合理的に導かれる意志決定に少なからず影響しているようなのです。

　ですが、上で見たように、昔に比べて大学進学のメリットは大きくなっているわけではありません。場合によってはメリットがないようなケースもありえます。先ほど計算した生涯所得はあくまで平均値で、大学時代4年間ぼーっと過ごした人も、一生懸命過ごした人も全部含めての生涯所得なのです。

　大学に入って何をするかは重要です。将来何をやりたいかという問題意識を持って大学に入学してください。これまでの研

究で明らかになっていることなのですが、早めに生涯設計を考えることが重要です。どのような仕事に就きたいのか、どのような生き方をしたいのか、といったことを考えるのが早ければ早いほど満足した就職をして大学を卒業していることが明らか

■ コラム（イソップ物語と経済学―「アリとキリギリス」の機会費用）

　幼いころに読んだ『アリとキリギリス』。働き者のアリは、暑い夏に一生懸命、冬に備えて食べ物を集めます。対してキリギリスは、「冬になったら考えればいいのさ」と、アリをバカにしたように、歌を歌って陽気に過ごしています。

　この物語を、この章で学んだ機会費用という概念で考えてみましょう。機会費用とは、簡単に考えれば、選択肢ＡとＢがある場合、Ａを選択したら、Ｂが機会費用となり、Ｂを選択したら、Ａが機会費用となります。

　そうすると、キリギリスが夏に歌を歌って陽気に過ごした機会費用は「冬の食糧」と考えられ、アリが夏に冬の食べ物を集めて過ごした機会費用は、さしずめ「夏の思い出」といったところでしょうか。キリギリスは、冬の食糧を犠牲にして、つまり、冬の食糧という機会費用を払ってまで、夏を陽気に過ごし、アリは、夏の思い出を犠牲にして、つまり、夏の思い出という機会費用を払って、食べ物を集めた。このように解釈することができます。

　では、人魚姫はどのような選択を迫られていたでしょうか。浦島太郎が亀を助けない場合の機会費用は何だったのでしょうか。ぜひ、自分で主人公が直面した選択肢とその機会費用について考えてみてください。

　物語の中だけでなく、私たちも常に選択に迫られています。大学に行くか行かないか、結婚するかしないか、子どもをもつかもたないか・・・。人生は選択の連続です。女性の場合、結婚を機に仕事を辞めるか辞めないかという不自由な選択を迫られるかもしれません。「選択の科学」ともいわれる経済学を学び、機会費用というみえないコストを上手に把握して、賢く人生を楽しみましょう。

にされています。さらに、そのような人たちの生涯所得は高い
ということもわかっています。今の時点でこのようなことを考
えるのは大変だと思いますが、できるだけ早い時期に何を勉強
して、将来何をしたいかということをある程度考えながら大学
4年間を過ごしたほうが良いと思います。それが何となく大学
に進学して何となく4年間を過ごしてしまうと、自分の思う
ような就職ができないというようなことが起こるかもしれませ
ん。これを機に、自分自身の進学や就職について深く考えてみ
ると良いでしょう。

【ブックガイド】

・大竹文雄『経済学的思考のセンス――お金がない人を助け
　るには』（中公新書、2005年）
　この本は、身近な格差や不平等を人間の意志決定メカニズムから
　考える本です。経済学の使い方がわかりやすく書かれていて、経
　済学とはどのような学問なのかが理解できると思います。

【研究課題】

❶あなたが大学に進学するのはなぜなのかを、もう一度経
　済学の視点から考えてみましょう。たとえば、将来就き
　たい職業の生涯所得と大学進学のコストを比べてみま
　しょう。
❷最新の『賃金構造基本統計調査』（厚生労働省）を用い
　て、図表4のような年齢別賃金プロファイルを描き、
　生涯所得を計算してみましょう。Googleなど検索エンジ
　ンで「賃金構造基本統計調査　厚生労働省」と入力すれ
　ば、厚生労働省の該当ページ（http://www.mhlw.go.jp/toukei/

第1章　どうして大学へ行くの？

list/chinginkouzou.html）にたどり着きます。そのページには「調査の概要」と「調査の結果」が掲載されていますので、まずはこれらをよく読んでください。その上で、「調査の結果」にある「統計表一覧」をクリックすると、政府統計の総合窓口 e-Stat ホームページへ移動し、統計データをダウンロード出来ます。一般労働者の産業大分類をクリックし、表番号 1 の「年齢階級別きまって支給する現金給与額、所定内給与額及び年間賞与その他特別給与額（産業計・産業別）」のエクセルファイルをダウンロードすれば、年齢別賃金プロファイルの元データが入手出来るはずです。なお、期待生涯所得を計算する際には、データの年齢階級が 5 歳刻みなので、セルの値を 5 倍する必要があることに注意してください。また、図表 4 の年間給料は、「決まって支給する現金給与額」を 12 倍して、「年間賞与その他特別給与額」を足して求めています。

❸奨学金制度が拡充されると、人々の大学進学行動はどのように変わると考えられるでしょうか。また、奨学金制度が拡充されると社会全体にはどのような影響があると考えられますか。

第**2**章

それでもあなたは
子どもをもちますか?

日本の少子化

1. 子どもが少なくなるとどうなるの

　子どもの数が少なくなっています。図表1は日本の出生数と出生率（合計特殊出生率）を示したものです。出生数は、毎年の生まれた数を示しています。また、出生率は、1人の女性が一生の間に生む子どもの数を平均的に計算したものです。一般的に、父親と母親という2人の人間から生まれてくるので、その国の人口を維持するためには、そこから2人が生まれればよいのかといえば、そうではありません。子どもを産むまでに死ぬ人もわずかながらいますので、出生率は2より少しだけ多い、およそ2.07を上回らないとその国の人口は減ることになります。**少子化**という言葉を聞いたことがあるでしょうが、それはこの水準を長らく下回っていることです。日本の場

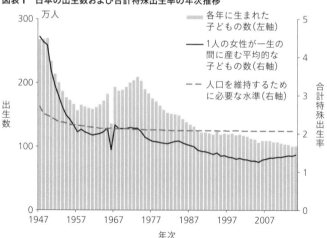

図表1　日本の出生数および合計特殊出生率の年次推移

厚生労働省『人口動態調査』より

合1970年代半ばからこの水準を下回って少子化が始まりました。

　図表2を見てください。これはそれぞれの年齢の人口を若い順に下から示したもので、中心から左に向かっている横棒グラフが男性、右に女性の人口を示しています。これを人口ピラミッドといいますが、薄く手前に見える山が1975年の人口ピラミッドで、奥に濃く見える山が2065年の人口ピラミッドです。さきほど述べたように、1975年は、日本で少子化が始まった頃ですが、あなたが高校生くらいなら、お父さんやお母さんが生まれた頃でしょうか。また2065年は、国によって公式に推計された最後の年なのですが、今高校生の人たちがだいたい65歳になって仕事をリタイアしている頃です。ピラミッドの

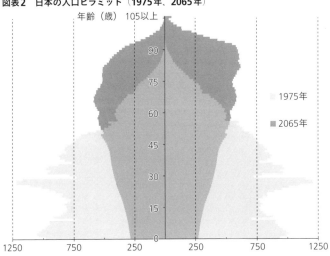

図表2　日本の人口ピラミッド（1975年、2065年）

年齢別人口（左：男性、右：女性）　　単位：千人

1975年は総務省統計局『国勢調査』、2065年は国立社会保障・人口問題研究所『日本の将来推計人口（平成29年推計）』より

第2章　それでもあなたは子どもをもちますか？　　023

形も、年齢の高いところに人口が集中する逆三角形になっています。この頃には、人口統計学的には高齢者とされる65歳以上の人たちが、全人口の約4割を占めると予想されています。電車やバスの優先席は高齢者だけではなく、障がい者や妊娠している人なども対象になるので、4割も占めている高齢者が優先的に座れる席などその頃まであるのでしょうか、また、あったとしても高齢者同士の椅子取りゲームになるのでしょうか。

このまま少子化が進むと、高齢化がさらに進み、さらには人口も減り続けます。どれくらいのペースで減るか知っていますか。日本の人口の1世代分の時間（生まれてから子どもを産むまで）は平均して約31年ですので、3世代では約93年です。2015年の総人口は1億2709万4745人で、その93年後の2108年には総人口は約5463万人と推計されています。これは、2015年の約43％に相当し、つまり約57％は失われるのです。この減り方を野生動物を例にすると、環境省のレッドデータブックの基準では、クマタカやアカウミガメなどが該当する絶滅危惧ⅠB類（近い将来における野生での絶滅の危険性が高いもの）の要件「今後10年間もしくは3世代のどちらか長期間を通じて、50％以上の減少があると予測される形で個体群の減少が見られる」に相当します。「個体群」とは生物学的な表現ですが、英語では個体群も人口も同じく population です。

さらにその先ですが、仮に出生率も死亡率も今と変わらず、外国からの移民も無いと仮定すれば、西暦3000年、つまり1000年以内に日本の人口は約2000人になってしまうという試算もあります。人口と生物種を同列に比較したり、前提条件を

長く固定して推計したりというのはやや乱暴な議論かもしれません が、世界最速とも言われる日本の人口減少が実感されるのではないでしょうか。

　これだけ人口が減ると経済にはどのような影響があるのでしょうか。人口が減って、物を買う人や、何かをしてもらいたいという人が少なくなれば、その人のために物を作ったり、何かをしてあげようとする人も少なくなります。ある国の経済の大きさは、簡単に言うと、その国にいる人たちが働いた分を全部集めたものですから、物を作ったり、何かをしてあげるなど、働く人が少なくなると、経済は小さくなっていきます。

　たとえばルクセンブルクやスイスのように、人口が少なくても、金融に関連する産業を伸ばしたり、国境を越えた労働や他国との貿易を活用したりしているおかげで人口1人当たりの経済水準が高い国もありますので、日本もそういう国になろうと思えばできるかもしれません。ただ、そのためには、これまでのように大量の人口を使って経済を成長させてきた日本経済の仕組み自体を変えるという大掛かりな話になってきます。これまでと同じような仕組みのまま少子化を解消し人口を増やすか、あるいは少ない人口でも経済が成長するように経済の仕組みを変えるか、経済が成長できなくて、かつ人口が少なくても、豊かな生活を過ごせるような社会にするのか、今まさにこれからの日本の方向を決めなければならないときであり、そしてそれが、まさにみなさんにかかっているのです。子どもをもつかどうかを決めるのは、いままだ若いみなさんなのですから。

第2章　それでもあなたは子どもをもちますか？

2. 子どもをもつことの経済学的な意味

それでは、なぜこのように子どもを産む人が少なくなってきているのでしょうか。人口経済学という研究分野では、結婚したり、子どもを産んだりすることを経済学的に考えています。この本を読んでいるみなさんは、**出産**はもちろん、まだ結婚していない人も多いかもしれませんが、だからこそ、実際にその状況に立たされる前にここで冷静に考えておきましょう。

子どもをもつことを経済学で考えるということは、たとえば、物を買うべきかどうかという経済学的な決め方を、子どもをもつということに応用するのですが、子どもはもちろん商品ではありませんし、人身売買のような話をしようというわけでもありません。子どもを産む、産まないという意思決定に、経済学の力を使ってみようということです。

経済学では、どのような条件で、どれだけの量の商品を、売ったり買ったりすれば一番良いかということを考えます。たとえば、どんな味のブドウをいくらでどれだけ買えば、今持っているお金で一番満足できるかと考えるわけです。このように、ある商品を買うというときの経済学の決め方を、ここでは「子どもをもつ」ということにおきかえて考えられないものでしょうか。

まず、このような経済学的な決め方を当てはめる場合、子どもと商品では、どのような違いがあるでしょうか。商品の場合であれば、その商品を買うと、どんな良いことがあるのかということがだいたいわかります。たとえば、このブドウだったら、甘いとか、酸っぱいとかということはわかりますし、場合

によっては試食もできますので、八百屋で、だいたい自分の好みに合ったブドウを選ぶことができます。では子どもの場合はどうでしょうか。2人目や3人目であれば、多少わかりますが、初めて子どもをもつ人にとっては、子どもをもつことによってどのような良いことや、負担しなければならないことが起こるのかはまだ曖昧ななかで決めなければならないのです。それに2人目や3人目であっても、たとえば、男の子か女の子かどちらが生まれてくるかわかりませんし、育て方によるところも多少はあるのでしょうが、どんな人に成長するかもよくわかりません。つまり子どもを選ぶことはできないのです。

　さらに、たとえば冷蔵庫やテレビなら、不良品ならば、新品に交換してもらえるかもしれませんが、子どもの場合、もちろんそういうわけにはいきません。ですから、若い夫婦はみな、子どもをもつということを一生懸命考えます。ときには夢を抱いて、ときには不安になりながらも、子どもをもつという一大決心をしているのです。そうしてみなさんが生まれているのです。

　子どもをもつということを経済学的に考えた人がいます。ハーヴェイ・ライベンシュタイン（Harvey Leibenstein　1922－94）です。彼は、それまでの経済学で考えられたことに対して、現実には、その理論通りにはいかないということをいろいろと示した大変独創的な経済学者で、長らくハーバード大学の教授を務めていました。たとえば、理論的には、商品の値段を上げたら買う人は減るはずだけど、ブランド品のように、あえて高いものを見せびらかせたいと思う人にとっては、値段が上がれば逆に買いたくなるはずというようなことも提唱しました。

第2章　それでもあなたは子どもをもちますか？　　027

では、ライベンシュタインの考えに沿って説明しましょう。まず、どうしたら、子どもをもつということを決められるでしょうか。これから親になろうという人にとって、子どもをもてば良いことや役に立つことがある一方で、困ることや負担しなければならないこともあります。この考え方は、第1章で進学行動を経済学で考える場合にも使われていましたが、前者の良いこと、つまりベネフィット（便益）が、後者の負担しなければならないこと、つまりコスト（費用）よりも多ければ、あるいは多いだろうと予想できれば、子どもをもとうとするけれども、逆であれば子どもをもつことをためらうかもしれません。結論を先にいえば、今のように子どもをもつ人が少なくなってきているのは、相対的に負担しなければならないことのほうが多いからと、経済学的には考えられるのです。

3. 子どもが生まれたら良いこと

　それではまず子どもが生まれたら良いことを考えてみましょう。私が子どものころ、母親に何気なく「なんで子どもを産もうと思ったの？」と聞いたことがあります。そのとき母親は「そりゃ、子どもがいれば、楽しいからよ」と答えました。確かに、これはすべての親に当てはまる素直な気持ちでしょう。子どもがいれば、家庭の中が明るくなって、家族みんなが楽しくなる、そして、子どものかわいい顔をみると、この子のためにがんばろうという気持ちになる。つまり、子どもという存在そのものが親にとっては良いことであり、非常に高い喜びや満足感をもたらしてくれるのです。これが1つ目の良いことで

す。ただ、これは間違いなく良いことではありますが、経済学的には捉えづらいとともに、それぞれ個人的な感じ方の違いにもよるので、ここではとりあえず考えない、あるいはいつの時代でもどの地域でも同じくらいであるとしておきましょう。

　次に2つ目に良いこととして、子どもは成長すれば、たとえば家の手伝いをしてくれるかもしれません。私にも子どもが2人いますが、小学生のころからお風呂の掃除をしてくれていますし、高校生になった今はたまに食事を作ってくれます。これは親にとって良いことや役に立つことです。これがたとえば、親が自営の農家や商店をしていれば、農作業を手伝ったり、商品を棚に並べたり、配達するなど、子どもにも手伝えることは多くあり、これはもう労働そのものです。やや話がそれるかもしれませんが、もちろん「児童労働」はいけません。「児童労働」とは、義務教育にある年齢の子どもに、教育を受けさせずに、大人と同じように働かせることであったり、18歳未満の人が危険な、あるいは有害な労働をすることです。子どもであっても、学校にきちんと通って、空いた時間に家業を手伝ったりすることは、安全が確保されていれば、むしろ働くことによって学べる面もあるので悪いことではなく、子どもが家事や家業を手伝うことは親にとっても良いことや役に立つことです。さらにいえば、もう少し子どもが成長して家の外でアルバイトをして、家族みんなで使うようなものを買ってくれたり、そのためにお金を出してくれることも親にとっては良いことです。

　最後に3つ目の良いこととして、親である自分が病気になったとき、子どもが大きくなっていれば介抱してくれるかも

第2章　それでもあなたは子どもをもちますか？　　　029

しれません。さらに年老いたときには、子どもは大人になって
いるでしょうから、老いた自分の生活を物理的にも金銭的にも
世話をしてくれるかもしれません。この場合、子どもが直接、
自らの手で介護することもありますが、子どもも働いていれ
ば、金銭的に介護する人を手配してくれるかもしれません。い
ずれにしてもこれらは良いことと考えられます。

4. 子どもが生まれたら負担しなければならないこと

　それでは次に、子どもをもって困ることや負担になることを
考えてみましょう、いかがでしょうか。

　まず、陣痛や出産には、産みの苦しみと言われる例えようの
ない激しい痛みがあります。また、育児でストレスになる、生
まれた子どもが親に反抗的で暴力をふるうこともあります。た
だ、このようなことも、それぞれの特殊な事情や感じ方の違い
によるので、やはりここではとりあえず経済学的には考えない
ことにします。

　では経済的な面で捉えると、まず子どもを産むこと自体にお
金はかかりますが、実際に生まれてからももちろん、衣食住な
ど子育てに関わって直接支払わなければならない費用がありま
す。実はこのような直接的な費用だけではありません。たとえ
ば、出産する予定の女性が仕事をしていれば、出産にあたり仕
事を休まなければなりません。仕事の内容にもよりますが、出
産前なら1か月半くらい、また出産後2か月くらいは、働き
たくても、身体的に仕事を休まなければならないでしょう。さ
らにその後も子育てのためになかなか仕事に戻れなかったり、

戻っても前と同じようには働けないこともあります。仮に、年収400万円であった女性が出産、育児のために仕事を1年間休んだとして、その間まったく収入もなく保険金などの支給もなかったとすれば、その400万円は、出産や育児ということがなければ、本来ならもらえたはずのお金です。すなわち、出産や育児があったために、もら

（絵：和田芽依）

うことをあきらめなければならないお金です。これは直接払ったわけではありませんが、子どもをもつために間接的に負担した費用とも考えられ、第1章にもありましたが、**機会費用**とよばれるものです。仮に1年のうち半年働いて、半分の200万円だけもらえたとしても、残り半分の200万円は間接的な費用です。さらには1年で済まずに、このまま職場復帰できなければ、本来であれば働き続けられたり、あるいは昇給したりした分の、さらに高い金額のお金を間接的に負担しているとも考えられます。

5. 経済学的に考えた、子どもをもつということ

　それでは、子どもをもつことの良いことと、負担しなければならないことの両方が出そろいましたので、日本を例に、これらを比較してみましょう。まず、良いことのうち、1つ目はこ

こでは考えない、あるいはみな同じとして考えることにしましたので、2つ目の良いこと、つまり子どもが家事や家業を手伝うということはどうでしょうか。かつての日本のように、農業が中心であった頃には、子どもが手伝えるような仕事は多くありましたが、これが、工業やサービス業の仕事に就く人の割合が多くなると、会社員として働いている親の仕事を手伝うというわけにはなかなかいきません。また、家事とはいっても、最近では家の手伝いよりも勉強するようにいわれたり、そもそも学校の勉強や部活、習い事などで疲れて帰ってきた子どもには、家事を手伝わせづらいのではないでしょうか。したがって、この2つ目の良いことは少なくなってきたといえます。

　最後に3つ目の良いこと、つまり親である自分が病気になったときの介抱や、年老いたときの世話をしてくれることはどうでしょうか。いまは病気になれば、医療保険もあり、ふつうは病院で医師に診察してもらったり、薬を出してもらいますので、一般の人ができることは限られています。また、年老いてからの世話や介護も、公的な年金や介護保険なども充実してきて、これまで家族や親族がしてきたことを、代わりに国や地域の自治体がするようになってきました。つまり、この良いことも日本では少なくなってきたといえるでしょう。

　それに対して、嫌なことや負担になることはどうでしょうか。やはり同様に最初の心理面や育ち方の違いについては、それぞれ異なるのでここでは考えない、あるいはみな同じとして経済学的な部分だけを考えてみましょう。まず直接的にかかる費用についてはどうでしょうか。やはり経済が成長して生活水準が上昇すると、着る物や食べる物も高価になってきます。ま

たむかしは高校生や中学生が携帯電話をもつなどということは考えられなかったかもしれません。むかしはそれがなくても暮らしていけたのでしょうが、いまでは多くの若者がもっているので、親も買い与えるようになります。さらに教育費やそれに関連する費用が多くなってきています。高等教育である大学への進学率も戦後からおおむね上昇し続けています。このように生活にかかるお金や教育にかけるお金など、子どもを育てる直接的な費用は増えてきています。

また、一時的にせよ、このままずっと職場復帰しないにせよ、女性が出産、育児のために仕事を辞めることによってあきらめる費用、すなわち間接的な費用についてはどうでしょうか。女性が高等教育を受ける割合も高くなり、男性と同じような仕事をする女性も増えました。ということは、働いて収入を得る女性の割合も高くなるとともに、その収入も平均的に高くなっています。したがって、もらえるはずであったが、あきらめなければならない収入も増えているわけですから、間接的な費用（機会費用）も高くなっているということです。つまり負担しなければならないことは全体的に増えています。

結局、子どもをもつにあたって良いこと（ベネフィット）は減り、負担しなければならないこと（コスト）は増えているのですから、子どもをもつという選択はしないということが経済学で考えられる結論になるわけです。

6.どうすれば子どもをもつ人が増えるのでしょうか

　ここまで、子どもをもとうとする人が少なくなる意味を、経済学的に、ある程度は説明してきました。そこで子どもをもとうという人を増やして、出生数を増やしたり、出生率を上げるためには、この経済学的な考え方に基づいて、良いことを増やして、負担しなければならないことを減らせばよいでしょう。

　まず、良いこととして、家事や家業の手伝いはどうでしょうか。経済の構造が農業から工業、サービス業中心へと変化しています。そのようななかでは、将来、労働者として稼ぐために、子どもは家事の手伝いよりも、教育を受けたり、技能を訓練したりすることに時間を使うようになるので、この良いことを増やすのは得策とはいえません。また、年老いてからの世話や介護をしてくれるということも、子ども自身よりも、専門のスタッフや施設が効率よく対応できますし、また金銭的な面でも、子どもなど、家族だけの負担にするよりも、国や自治体など社会全体で負担したほうが老後の安心感や安定感が強いでしょう。したがって、良いことを増やすというのは、仮にそれで出生数を増やしたとしても、かえって経済を弱めたり、老後を不安にしてしまう効果もあるという諸刃の剣といえます。

　他方、負担しなければならないことを減らすにはまだ可能性がありそうです。子育ての直接的な費用を減らすことはどうでしょうか。子育てにお金がかかるというよりは、お金をかけているのではないでしょうか。兄弟数が多かった時代には、いわゆる「お下がり」をして性別もあまり気にすることなく服などを着まわしたり、自転車やオモチャなども大事に使いまわした

りしていました。教育費に関しても、学校以外にも塾や習い事などにかける1人当たりの金額は、以前より増えていますが、これらも本当に必要なものか見直してもよいのかもしれません。

また、間接的な費用について、働きたい女性が働けるようになることは良いことですので、近年では、出産や育児と仕事が両立できるような金銭的な保障や、スムーズな職場復帰ができるように、国や自治体、企業が協力してその間接的な費用を保障するように制度が改善されています。

それから、少子化を止めて人口を増やそうという政策がなかなか進まない理由としては、出生率を上げること自体も難しいのですが、仮に出生率を上げられたとしても、高齢化が解消したり、人口が増えたりするまでに非常に長い時間がかかるということも挙げられます。

この章の冒頭で、人口が減るような出生率の水準つまり少子化になった時期は1970年代半ばと述べましたが、実際に人口が減り始めた時期は2000年代初めです。つまり、出生率の変化が総人口の増減の方向を変えるまでには一種の惰性が働いて、およそ1世代分の時間、つまり30年くらいのタイムラグがあってから総人口の動きとして表れます。逆に言えば、仮に今すぐに、少子化を解消したといえるくらいまで出生率が上昇しても、人口が増加するにはそこからさらに30年くらいかかります。少子化対策は必要とはいわれていますが、その効果が30年先にしか表れないのでは、政策の優先順位は低くなりがちです。国の財政も厳しいなか、今すぐに効果の表れる他の財政金融政策や財政再建、社会保障、震災復興などのために使う

のか、将来の子や孫といった次世代のための少子化対策に使う
のか決断しづらいところですが、逆にいえば、まさに今始めな
いと、問題解決にはさらに時間がかかることは知っておくべき
でしょう。

【ブックガイド】

・河野稠果『人口学への招待——少子・高齢化はどこまで解
明されたか』（中公新書、2007 年）

平易な言葉で、人口学を体系的にまとめています。最初に読むべ
き人口学の本として最適です。

・小峰隆夫『人口負荷社会』（日経プレミアシリーズ新書、2010
年）

特に経済との関連で幅広く人口問題を考えることに適しています。

・T.R. マルサス（斉藤悦則訳）『人口論』（光文社古典新訳文庫、
2011 年）

名前だけは知っていてもあまり読まれることのない古典ですが、
非常に読みやすい翻訳になっているので、思い切って挑戦してみ
ましょう。

【研究課題】

❶日本の出生率は、総人口を維持するために必要な水準を
下回り続けています。このように出生率が低い理由と、
それによって生じる人口問題についてまとめたうえで、
出生率を上げるためにはどのようにすればよいか、あな
たはどう考えますか。

❷国立社会保障・人口問題研究所ウェブサイト「日本の将来推計人口（全国）」（URL：http://www.ipss.go.jp/syoushika/tohkei/Mainmenu.asp）を調べて、

①合計特殊出生率（1人の女性が一生の間に産む子どもの平均数）は、将来どのように推移するか

②50年後、高齢者の占める割合や、若年者の占める割合はどれほどか

③総人口はどれほどの速さで減少するのか

を整理したうえで、日本の人口の現状や将来について、あなたはどう考えるか、レポートにまとめてみましょう。

❸以下に示すように、人口が少なくても、経済的に豊かな生活を過ごせるのではないかという2つの主張があります。それぞれ、あなたはどう思いますか、自分の意見をまとめてみましょう。

①豊かさの基準のひとつとして、国内総生産（GDP）を総人口で割った指標、すなわち1人当たりの平均的な生活水準がある。これによれば、総人口は、ある程度の最適な水準まで減少すれば、平均的な生活水準は高くなる。

②生産活動には人口のほか自然資源や資本が必要である。これから人口は少なくなるし、自然資源にも限りがあるので、活発な生産活動で国全体の富を拡大することよりも、少ない人口から生み出された、ある程度の富を、効率よく国民に分配すればよい。

筆者のひとりごと

　甘いものは好きだけど、体重も気になるという人は多いと思います。今あなたの目の前にケーキが出されて、食べてもいいですよと言われてもダイエットもしたい。どうしますか。経済学的に考えれば、ケーキと目標体重のどちらを選ぶかということになります。ただ、目の前のケーキは確実に食べられますが、達成するのに何日もかかる目標体重は、本当に達成できるかどうか不確実です。将来が不確実であるために、将来のことは選びにくくなります。結局、今のケーキと将来の目標体重のどちらを選ぶのかは、人それぞれが考える将来の不確実さをどう見積もるかによって大きく変わるのです。

　「明日の百より今日の五十」という言葉があります。不確かな将来のこと（明日の100円）よりも、今確実にできること（今日の50円）を選べという諺です。本文にもありましたように、出産、子育てなどの少子化対策によって出生率が十分な水準まで上げられたとしても、人口増加という成果をみるには数十年かかります。政治家も自分の短い任期のことだけしか考えていないと、すぐに結果が表れるような短期的な政策を優先しがちです。

　他方、会社を経営していた私の祖父母から「損して得取れ」という言葉をよく聞かされました。目先の利益だけ考えると将来大損をすることがある、むしろ今、損をしても将来大きな利益を得ることもあります。私たちの子や孫の世代に借金の付けを回すのではなく、その時代になってようやく成果を享受できるような政策を「いつか」するのではなく、「今」すべきなのかもしれません。みなさんはどのように考えますか。

第**3**章

女子が「働く」って「ツラい」こと?

現代日本の労働環境

1. はじめに——日本の女性の働き方について考えてみましょう

　日本では、40年前と比べて、たくさんの女性がいろいろな分野で生き生きと働くようになってきました。さらに、政府が「すべての女性が輝く社会づくり」を推進していることからもわかるように、「女性の活躍」への期待は、年々高まっています。これは、働く女性が様々な場面で力を活かし、発揮する可能性を広げる取り組みです。一方で、これまで家事・育児・介護・地域活動等を中心的に担ってきた女性に、さらに雇用労働者として働くことまで期待することで、彼女たちの心身の負担をますます増やす可能性もあります。

　このような状況の中で、学生生活が終わりに近づく頃までに、ほとんどの女子学生は就職について真剣に考え始めます。彼女たちは、たとえば、どのような仕事をしたいか、将来性があるか、やりがいを感じられるか、といった自分自身が働く上で重要視する「チェックポイント」と照らし合わせながら、希望する業種・職種・企業規模・勤務地などを明確にしていきます。とはいえ、彼女たちの多くは、実際にパートナーの転勤や子育てと仕事とのバランスなどを考慮しながら、どのように働くかを（あるいは働かないことを選択するかを）その都度決めていくしかないと考えている、というのが正直なところのようです。

　そこで、本章では、日本の女性の働き方の特徴について整理しながら、「女性の活躍」についてを一緒に考えてみましょう。

2. どうして「就活」するの?

　そもそも、なぜ学生は、必死に「就職活動（略して就活）」するのでしょうか。それは、日本の企業の多くが、職業能力がほとんどない若者を学校卒業と同時に正社員として採用し（新卒採用）、自社内で先輩や上司が具体的な仕事を通じて仕事をする上で必要な知識・技術等を教えながら、長期間かけて一人前に育てていく仕組みを採用しているからです。このような企業は、人材の育て方だけでなく、給料の支払い方や昇進等の「ヒト」に関する会社の仕組み全体について、新規学卒一括採用した若者を定年まで雇い続けることを前提として設計・運用しているため、中途採用に積極的ではないことも少なくありません。そのため、（多くの大企業が採用している）このようなタイプの企業に入社するビッグチャンスをモノにするために、学生は「就活」を頑張っているのです。

　こうして、男女を問わずたくさんの学生が「就活」の荒波を潜り抜けて就職していくわけですが、実際に日本の働く女性の現状はどうなっているのでしょうか。少し整理してみましょう。

3. 日本で働く女性の現状はどうなっているの?

　ここでは、まず、現在の日本でどのくらいの女性が働いているのかを確認しましょう。日本では、義務教育を終えて法律上働くことが可能な15歳から年金の支給が開始される前の64歳までの女性のうち、約2800万人が賃金・給料・諸手当・内職収入などの収入を伴う仕事をしています。これは、15〜64

歳の日本人女性全体のおよそ50％にあたります。産業別にみると、医療福祉、宿泊業、飲食サービス業といった第3次産業の女性比率が高い一方、電気・ガス・熱供給・水道業や建設業等の第2次産業では低くなっています（図表1）。

雇用形態の面からみると、2016年には非正社員として働く女性が55.9％と、正社員として働く女性の割合をわずかに上

図表1　女性の産業別就業者の割合（％）

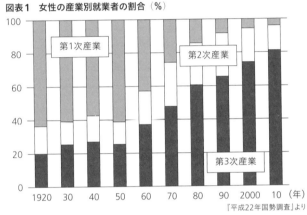

『平成22年国勢調査』より

図表2　女性の労働力率と就業希望者の対人口割合

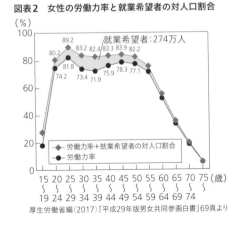

厚生労働省編（2017）『平成29年版男女共同参画白書』69頁より

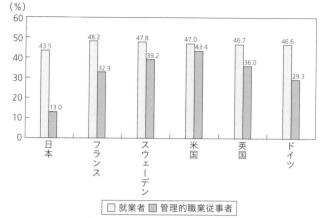

図表3 就業者及び管理的職業従事者に占める女性の割合（国際比較）

総務省「労働力調査（基本集計）」（平成28年）、その他の国はILO"ILOSTAT"より作成。

回っています。また、図表2をみると、女性の労働力率が30歳代で一旦減っていることがわかります。これは、出産前は働いていた女性が、子どもが小さいうちは働くことを控え、子育てが一段落してからいわゆる主婦パートとして再び働き始めるためと考えられています。

　次に、100人以上規模の企業の労働者のうち役職者に占める女性の割合をみると、年々少しずつですが上昇してきています。とはいえ、国際的な視点から比較すると、この数値は諸外国よりも低い水準に留まっていることがわかります（図表3）。女性管理職だけでなく、国会議員や、管理的業務に従事する女性国家公務員、検察官・裁判官・弁護士、初等・中等教育機関の教頭以上や研究者等の「指導的地位」に女性が占める割合も、他国に比べてなかなか上がらないことも指摘されています（図表4）。

第3章　女子が「働く」って「ツラい」こと？

図表4　各分野における主な「指導的地位」に女性が占める割合（％）

国会議員（衆議院）	9.3
国会議員（参議院）	20.7
本省課室長相当職の国家公務員	4.1
都道府県における本庁課長相当職の職員	9.3
検察官（検事）	22.9
裁判官	20.7
弁護士	18.3
民間企業（100人以上）における管理職（課長相当職）	10.3
民間企業（100人以上）における管理職（部長相当職）	6.6
初等中等教育機関の教頭以上	16.1
研究者	15.3
医師	20.4
薬剤師	66.1

厚生労働省『平成29年版男女共同参画白書』61頁より

4. これまでの「働き方」の中で、
    働く女性は「活躍」できる?

　実は、日本では、女性が働きながら安心して妊娠・出産を迎えるために、男女雇用機会均等法や育児・介護休業法に代表される各種の法律や制度が整備されてきました。このような法制度の整備・充実によって、女性の育児休業取得率は徐々に増加しています。とはいえ、他の先進諸国と異なり、制度面が充実している割に、制度を活用して働きつづけることを選択しない女性が多いのが現状です。実際に日本では働く女性のおよそ半数が妊娠・出産を機に一旦退職していることが指摘されています（厚生労働省「21世紀出生児縦断調査（平成13年出生児、平成22年出産児）」）。

　なぜ、働く女性のおよそ半数が育児休業制度を利用せずに退職するのでしょうか。三菱UFJリサーチ＆コンサルティングが実施した「平成23年度育児休業制度等に関する実態把握のための調査研究事業報告書（労働者アンケート調査）」で女性正社

044

員に妊娠・出産時の退職理由を尋ねたところ、「家事・育児に専念するため、自発的に辞めた」が34.5％であった一方で、「就業時間が長い、勤務時間が不規則」が26.1％、「勤務先の両立支援制度が不十分だった」が21.2％、「体調不良などで両立が難しかった」が15.2％、「解雇された、もしくは退職勧奨された」13.9％、といった具合に、子育てをしながら仕事を続けることが難しいと彼女たちに感じさせる「働き方」が存在していることがうかがえます。さらに、図表2から、女性の就業希望者が、約275万人も存在していることもわかっています。

5.「家族内ワーク・ライフ・バランス」が女性の働き方に与える影響

　現在、多くの女性が働いているもののおよそ半分が非正社員であること、働く女性の中で「指導的地位」に就く割合が他の先進諸国と比較して低いこと、「仕事と生活（子育て、家事、介護・看護等）の調和」（ワーク・ライフ・バランス）との観点から一旦退職する女性や、家事に支障のない範囲という制約の中で働かざるを得ない女性や、本当は働きたいのに希望する仕事と出会えない女性も存在していることが明らかになってきました。

　ではなぜ、少なくない数の女性が働き続けることに難しさを感じるのでしょうか。その理由の1つとして、企業が「簡単に解雇せずに安定した年功的な賃金を支払う代わりに、会社の命令にしたがって恒常的な長時間労働や急な仕事内容の変更・残業・転勤などに柔軟に応じる」ことを、正社員に暗黙の内に

第3章　女子が「働く」って「ツラい」こと？　　045

求めている点が挙げられるでしょう。正社員に「24時間365日、会社中心の生活を送る」ことを求めるということは、同時に子育てや家事といった部分を全面的に引き受けるパートナーの存在を必要とすることでもあります。これまでは、男性正社員が会社で働く「ワーク」を担当し、そのパートナー（妻）が子育てや家事といった「ライフ」を担当するという「家族内ワーク・ライフ・バランス」によって、このような働き方を実現してきた面があります。一方で、育児や介護等の家庭責任を中心的に担っている女性は、企業の暗黙の要請に応じられないとみなされがちでした。そのため、多くの企業が、女性はあらかじめ中核となる社員として雇わない、女性社員を雇ったとしてもいつ辞めても会社へのダメージが軽微な補助的な仕事だけを担当させ、数年で辞めるという前提で教育訓練を行う、といった人材戦略を採用してきたわけです。

しかし、職業能力をほとんど身につけていない新入社員の段階からやりがいを感じづらい仕事だけを割り当てられて、仕事能力を伸ばすための教育訓練を受けられず、昇進の道を閉ざされている状況で、働き続けようという高いモチベーションを保つことは難しいでしょう。実際に、このような扱いを受けた女性社員の中には、扱いに見合った「ユルイ」働き方しかしなくなったり、あるいは自らの能力に見合わない低い扱いを受けることに失望して会社を辞めたりする人も出てきます。たとえば、図表5をみると、第1子妊娠判明時に「全くやりがいのない仕事」に就いていた正社員は22.0％が「子供を産んでも仕事を続けたい」と回答している一方、「非常にやりがいのある仕事」に就いていた正社員は、60.2％が「子供を産んでも仕

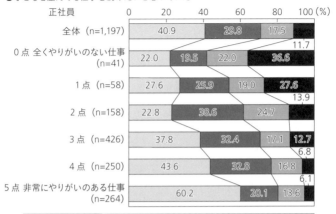

図表5 仕事のやりがい別にみた就業継続意向（個人調査、女性）
●子どもを産んでも仕事を続けたいと思っていた

1. 内閣府「ワーク・ライフ・バランスに関する個人・企業調査」（2013年度）
2. 6歳未満の子（第1子）と同居中で、妊娠判明時、従業員数が30人以上の企業（業種は不問）に雇用されていた20歳以上の女性が調査対象

仕事と生活の調和連携推進・評価部会, 仕事と生活の調和関係省庁連携推進会議編（2013）『仕事と生活の調和レポート　2013概要版』5頁より

事を続けたい」と回答しているのです。このように、仕事のやりがいを強く感じている女性ほど、出産後も仕事を継続する傾向があることがわかっています。

　ますますグローバル化が進み、多様なバックグラウンドをもつ人材に活躍してもらわなければ企業の生き残りが難しくなっていくこれからの時代に、「男性だから・女性だから」という画一的な考え方の妥当性は低くなっていくでしょう。さらに、女性の中にもバリバリ働ける人もいるわけですから、このような考え方でたとえ個別の企業が入社時に女性社員の能力を確認するコストを節約できたとしても、社会全体としては優秀な人

材に活躍してもらうチャンスを逃す損失になります。少子化の進行によって、人手不足に直面する日本に、もはや人材を浪費する余裕はないのですから、このような状況は改善していく必要があります。

■ コラム（会社と社会—経済学部と商学部の違い）

　大学進学を考えている高校生から、よく「経済学部と商学部はどこが違うの？」という質問を受けます。たしかに、両者の線引きは難しいのですが、大まかにいえば、商学部は商い、つまり、企業経営を分析対象とするのに対して、経済学部では、企業だけでなく、私たち国民の生活やそれを支える政府の活動をも分析対象とする、ということです。

　企業経営という点からみれば、利益を上げるために、たとえば、給料を上げたり下げたり、人を雇ったり解雇したり、あるいは、非正社員を多く雇うようにする。あなたが社長で、利益を上げなければならないとすれば、このようなさまざまな経営判断を迫られることになります。

　しかし、一国民の立場からみれば、会社をクビになればもちろんのこと、給料が下がれば生活が苦しくなるでしょうし、社会全体からみれば、給料が下がるということは、モノが売れなくなって景気を悪くする要因にもなり得ます。そこで、政府には景気対策が求められます。会社をクビになった人に対する失業対策も、政府の役割になるでしょう。

　このように、企業経営という視点からみれば"正しい"と思われる選択も、一国民の立場や社会全体からみれば、必ずしも正しいとはいえない可能性があります。

　商学部では「会社」について考え、経済学部では「社会」について考える。ダジャレのようで、意外と的を射ているのではないでしょうか。

6.この国で働くすべての人が 安心して働き続けるために

　ここまでみてきたように、女性の「活躍」のためには、育児・介護休業制度を充実させたり待機児童の解消をめざすといった制度面を整えることに加えて、女性社員を適切に育てていくことも必要です。特に、女性社員が出産・子育てといったライフ・イベントを迎えるまでに、企業が彼女たちにやりがいのある仕事を与え、教育訓練を行い、「子育てをしながらでも続けるに値する仕事に携わり続けられるのだ」というメッセージを送る仕組みを整えていくことが重要になってきます。さらに、女性が「活躍」するために、企業は自社の社員の家族に「ライフ」担当者が存在しているという前提を改め、社員個人が1日24時間という限られた時間を、「ワーク」だけでなく、家事・育児・介護・地域活動等の「ライフ」にも振り分けなければならない存在であると捉えなおすことが求められます。

　図表6をみれば、64歳以下のいわゆる「現役世代」について、有償労働（仕事・通勤通学時間の合計）と無償労働（家事・介護・看護・育児・買い物・ボランティア活動・社会参加活動時間の合計）の合計は、男女ともにだいたい同じくらいであることがわかります。男女間で異なるのは、有償労働と無償労働のバランスです。20〜24歳の入社直後の段階では、男女の有償労働は同程度の時間数になっていますが、子育て期に入ってくると「ライフ」担当の女性に無償労働が大きく偏っていることがわかります。このような状況で、「女性活躍の時代だからさらに有償労働に携わる時間を増やせ」ということになれば、有償労働と無

図表6　男女の生活時間

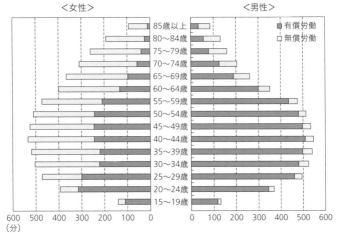

内閣府男女共同参画局2014「男女共同参画会議　基本問題・影響調査専門調査会　報告書」79頁より

償労働の合計がますます増えて女性は心身ともに疲れ切ってしまうでしょう。逆に、「ワーク」担当の男性は有償労働に偏っていることがわかります。現役世代の男性が現在の働き方を続けながら、1日24時間という限られた時間を家事・育児・介護・地域活動等の「ライフ」にも振り分けようとすれば、やはり有償労働と無償労働の合計がますます増えて男性は心身ともに疲れ切ってしまうでしょう。

　ならば、「家族内ワーク・ライフ・バランス」を前提とするこれまでの働き方のままでいいではないか、という考え方も可能です。しかし、これまでの働き方は、過労死や過労自殺が社会問題になるほど、「ワーク」担当者の心身に厳しい影響を与えかねないものでもあります。加えて、このような働き方が形作られてきた頃と現在では、社会・経済状況が異なってきてい

ます。賃金はかつてのように勤続年数に応じて毎年上がらなくなってきましたし、リストラや会社倒産による失業の恐れも大きくなってきている一方で、年金や健康保険等の社会保険料や消費税等の負担は増え続けています。その中で、子どもの教育費や、自らの老後の蓄えも心配しなければなりません。さらに、兄弟の数が減っている現在は親の介護の負担も以前よりずっと大きくなってきており、社内で重要なポジションについている中高年管理職が突然「介護離職」することも問題になってきています。

　確かに、これまでの働き方は、「ワーク」担当者として仕事に集中できる社員を雇える会社にとっては魅力的かもしれません。しかし、現在の社会・経済状況の中で、今後も簡単には解雇せず、年功的な賃金を長期にわたって支払い続けると確約できる企業は少なくなっていくでしょう。また、少子化の進行による人手不足の中で「ワーク」担当者として仕事に集中できる社員を雇うことが難しくなっていくだけでなく、たとえば自身・家族の怪我・病気や親の介護等をキッカケに「ワーク」担当者として仕事に集中できなくなる社員も増えていくでしょう。

　このように考えてくると、「働き方改革」は、実は「女性の活躍」のためだけではなく、男女それぞれが「ワーク」と「ライフ」とをバランス良く担当できる環境を作っていくことを通じて、みなが心身共に充実した状態を保ちながら仕事・家庭・地域にかかわっていくために必要なものであるといえるでしょう。すでに、「働き方改革」をスタートしている企業も数多くあります。たとえば、在宅勤務制度やサテライト・オフィス

第3章　女子が「働く」って「ツライ」こと？

（働く人が住んでいる地域に、遠隔勤務ができるように通信設備を整えたオフィスを設置すること）によって通勤時間を節約して仕事に集中できる環境づくりを進めたり、労働基準法に定められた労働時間を守り休日を取得することで家族との絆を深めたり自分の心身のリフレッシュを図ったりすることは、女性社員のみならず全社員にとってプラスになります。また、勤務地や勤務時間等を限定して働く限定正社員制度や短時間正社員制度は、自身や家族の怪我・病気や育児・介護のために優秀な社員が退社するリスクを減らすことにもつながります。

　このように、社会の制度も「働き方」も日々変わり続けているのです。しかも、その方向性は、必ずしも国・地方自治体や企業が一方的に決めるものではなく、「働く人びと」のニーズに応じて変わっていくものでもあるのです。女性が働き続けることが、たとえ「今日」は「絶対無理」に感じられたとしても、「5年後、10年後」は「無理」ではなくなるかもしれません。女性が働き続けることで、仕事を通じて得られる「新たな出会い」や「成長」や「やりがい」を味わうチャンスも、さらに地域や社会に貢献するチャンスも増えていくのではないでしょうか。もちろん、生活に必要なお金だけでなく、旅行やファッションといった人生の楽しみを充実させる途がもっと開けてくるかもしれません。結婚・出産後も働き続ける女性が増えることで、家族旅行やアミューズメントパークへのお出かけといったレジャーだけでなく、自宅購入や子どものスポーツ・語学等の習い事や進学・留学費用など、自分自身や家族の生活にたくさんの可能性をもたらす1つの礎となり得ることもあるでしょう。

みなさんは、どんな「5年後、10年後」あるいは「30年後」、「自分の子どもが働き始める頃」に、どのような「働き方」を実現したいですか？　ぜひ、恐れずに一歩を踏み出してください。

【ブックガイド】

・濱口桂一郎『働く女子の運命』（文春新書、2015 年）

　　この本は、働く女性の歴史を紐解きながら、「日本はどうして女性が働きづらいのか」について、本格的内容が読みやすい文章で書かれています。豊富な史料をもとに、当時の企業側と働く女性双方の声が数多く紹介されているところも、おすすめポイントです。

・本田一成『主婦パート　最大の非正規雇用』（集英社新書、2010 年）

　　この本は、日本の企業と家庭を下支えしている国内最大の非正規雇用者である主婦パートの仕事の実態と問題点について、非常にわかりやすくまとめています。雇用・労働問題に関心のある方は、必読の 1 冊です。

【研究課題】

❶あなたが考える「10 年後」の「ワーク・ライフ・バランスのとれた働き方」はどのようなものですか？　本文に書かれた内容に加えて、内閣府の「仕事と生活の調和（ワーク・ライフ・バランス）の実現に向けて」（http://wwwa.cao.go.jp/wlb/）の、政府・地域・企業・民間団体・海外の取り組みを参考にしながら、800 文字程度にまとめてみてください。

❷日本における女性労働政策について、(a) 内閣府ウェブ

第 3 章　女子が「働く」って「ツらい」こと？　053

サイト（http://www.cao.go.jp/）の「男女共同参画」のセクション、(b) 厚生労働省ウェブサイト（http://www.mhlw.go.jp/）の「雇用・労働」のセクション、(c) テーマに関連する新聞記事、等を参照しながら調べてみましょう。

❸現在、働く女性のおよそ半数が非正社員として働いています。そこで、(a) 首相官邸ウェブサイト（http://www.kantei.go.jp/）の「一億総活躍社会の実現」、(b) 厚生労働省ウェブサイト（http://www.mhlw.go.jp/）の「雇用・労働セクションの中にある「同一労働同一賃金」、(c) テーマに関連する新聞記事、等で調べたことに基づいて、「正社員と非正社員のそれぞれの望ましい賃金」のあり方について考えてみましょう。

第 4 章

お金って何だろう？

貨幣と金融

1. もしもお金がなかったら?

　買い物に行くと必要なお金。みなさんは、なぜ紙に金額を印刷しただけの一万円札で、10000円のモノが買えるのか考えたことはありますか?

　このことを考えるために、はじめに、もしもお金がなかったら、ということから考えてみましょう。

■ お金のない世界

　もしもこの世にお金がなかったとしても、今日のお昼にコンビニのサンドイッチを食べたいと思ったら、何とかしてそれを手に入れる方法を考えるでしょう。コンビニに並んでいるサンドイッチは自分のものではないので、タダで黙って持ってくる訳にはいかないからです。

　そこで、そのサンドイッチと同じ価値のありそうな別のモノを持っていき、それと交換してサンドイッチを手に入れようとするかもしれません。みなさんなら、そのコンビニに何を持っていくことができますか? ある人はおにぎりを作って持っていくかもしれません。別の人はとても手先が器用で、世界に2つとないネックレスを作って持っていくかもしれません。モノではなくて、「1時間だけレジをやるので、その代わりにサンドイッチを下さい」と言う人もいるかもしれません。

　でも、そのコンビニの店長は、今、おにぎりが必要なのでしょうか? ネックレスを喜んで受け取ってくれるでしょうか? たしかに、1時間のレジ打ちだったら、受け入れてくれるかもしれません。でも、1ついえることは、これらは、いつ

でも誰にでも受け取ってもらえるものではない、ということです。もしそれを受け取ってもらえないなら、みなさんはサンドイッチを手に入れることもできませんね。

　今度は、別の側から見てみましょう。ネックレスを作るのが得意な人が、これをアクセサリーショップに持っていったとしましょう。相手はアクセサリーショップですから、これを受け取ってくれるかもしれません。ところがみなさんが欲しいものはサンドイッチです。アクセサリーショップにサンドイッチは置いてないですね。サンドイッチがないならば、みなさんは、いくら相手が欲しがっても、そのネックレスを渡すことはしませんね。

　この2つの例からわかるのは、お金がない世界では、自分の欲しいモノを手に入れられるのは、たまたま自分が持っている何か（おにぎりやネックレス）が相手が欲しいものであり、同時に、たまたま相手が自分の欲しいもの（サンドイッチ）を持っているときに限る、ということです。こんな偶然に左右されるような世界では、気軽にコンビニに行って、自分が欲しいサンドイッチを手に入れることは難しいかもしれません。

■ ここでお金があれば

　こうした問題を解決するものこそお金です。何か一種類のモノをみんなで選んで、「これをお金として使おう」ということに賛成できれば、誰でもそのお金を受け取ることになるので、お互いに簡単に買い物をすることができます。みなさんも、「おにぎり」や「ネックレス」、「1時間のレジ打ち」ではなくて、その誰でも受け取ってくれるお金というモノをコンビニに

第4章　お金って何だろう？　　057

持っていけば、欲しかったサンドイッチを手に入れられます。また、素晴らしいネックレスを完成させたとして、お金と引き換えだったら、それを先ほどのアクセサリーショップに売っても良いと思うでしょう。そしてその後にコンビニに行って、そのお金でサンドイッチを買えば良いだけです。こうして、自分が欲しいものが簡単には手に入れられないという問題を解決するために、人々が選んで、みんなで受け取ることに賛成したモノこそ、お金なのです。

■ どんなモノなら誰でも受け取る？

では、どんなモノだったら、誰でも受け取るお金になれるでしょうか。

そのためには、まずはそれなりの価値が認められるものでなければなりません。たとえばコメとか塩、家畜、貝殻のようなモノであれば、これは「作ったり採ったりするのに、多くの人手や手間、時間がかかっているから価値がありそうだ」というように、多くの人が納得できそうですから、誰でも受け取ってもらえる可能性が高いでしょう。つまり、最初は、こういう「普通のモノ」のなかから、誰もが価値を認めて特に選ばれたものこそが、お金の役割を果たすようになったのです。逆にいえば、お金といっても、それは普通のモノの一種だったということです。

ただ、普通のモノがお金になれるといっても、お金として向いているものとそうでないものがあります。たとえば、コメをお金として使っていると考えてみましょう。コメは作るのも大変で、多くの人たちも欲しがりますから、お金として選ばれる

可能性はありますね。でも、このコメのお金で家を一軒買おうと思ったら、持ち運ぶのはかなり大変です。日々の買い物にコメを使うのも、結構かさばるし重たくて不便です。

　もう少し軽くて持ち運びに良さそうだという理由で、お茶の葉をお金として選んだとしたらどうでしょうか。今度は、このお金を使おうとしたら、腐っていて価値もなくなっていた、ということもあるかもしれません。

　よく乾燥させた牛の革をお金として使うのはどうでしょうか。これなら結構高価ですし、腐りにくそうです。そこで、ある人はある牛の革の右半分で買い物をしようとし、別の人は左半分で買い物をしようとしたとします。しかし、このそれぞれには同じ価値が含まれているでしょうか。革のどの部分かによって厚さや光沢などが違って、価値も違うかもしれません。すると右半分と左半分では買えるものも変わってしまいますね。

　こうして、長い歴史のなかでさまざまなモノがお金として使われてきましたが、だんだんと、少量を採るだけでも「人手」「手間ひま」「コスト」がかかり、そのため少量でも価値が高く、持ち運びにも便利で、腐りにくく、品質も安定しているため、同じ大きさに分割すればほとんど同じ価値が含まれているといった理由から、金や銀などの貴金属が、次第に「お金」として選ばれて、使われるようになってきました。

　こうして、金や銀がお金として使われていた時には、たとえば100円というお金には、本当の価値がちょうど100円分だけ含まれていたのです。なぜなら、金や銀も普通のモノの一種ですから、同じように「人手」「手間ひま」「コスト」がかかっていたからです。だからこそ、みんな安心してそれを受け取っ

第4章　お金って何だろう？

059

てくれるので、100円のモノを買うことができたのです。

2. 価値のない紙のお金がなぜ使えるの?

　普通のモノがお金として使われていた時は、本当に価値があったので使えたということはわかりました。でも、「価値のない紙の一万円札で、なぜ10000円のモノが買えるの?」という疑問には、まだ何も答えていません。

■ 金よりすごい紙のお金が持つ力

　そこで、みなさんがお金を手に入れたらそれをどのように使うのか、ということから考えてみましょう。もちろん第1に、それで欲しいものを買いに行きますね。でも、後で使うために貯金しておく、という人もいると思います。そのとき、机の引き出しに隠しておいても良いですが、多くの人は銀行に預けておくと思います。

　では、銀行はその預かったお金をどうするでしょうか。お金を預けた人はしばらくはそれを使わないので預けています。ですから、すぐにお金を引き出しに行かないでしょう。だとしたら、銀行はそのお金を金庫に置いておくだけではもったいないと考えます。銀行も儲けが必要ですから、預かったお金を、今度は別の借りたい人に貸して、その人から利子を受け取って儲けようとします。

　ここで問題です。今、ある銀行が10人から1万円ずつ、合計で10万円分を金貨で預かったとします。この銀行は、いったいいくらの貸出しができるでしょうか?

060

もし10万円分の金貨を、金貨のまま別の人たちに貸し出すとすれば、最大でも10万円しか貸し出せません。そこで、この10万円分の金貨はそのまま銀行の金庫に置いておいて、その代わりに「この券を持ってくればいつでも金貨を1万円支払います」と書いた紙の券を印刷して貸し出すと、10万円以上の貸出しができます。たとえば、この「券」を100枚印刷して、1人1万円ずつ、100人に合計で100万円貸し出したとします。みなさんもそれを受け取った1人と思ってください。この「券」はいつでも金貨と交換してもらえます。ということは、世の中でもこの「券」はほとんど金貨と同じものとして受け取ってもらえます。だとしたら、わざわざ金貨に交換してもらいに銀行に行きますか？　もちろん、金貨の方が「券」より安心という理由で、すぐに銀行の窓口に行く人もいるかもしれません。でも、100人全員が同時に銀行に行って、「この券を金貨に換えて下さい」と、一斉には言わないはずです。ここでは、100人のうち10人までなら同時に銀行で「券」を金貨に交

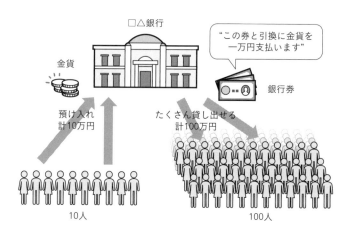

第4章　お金って何だろう？

換してもらえます。こうして、銀行は、預かった金貨は手元に置いたままで、代わりにより多くの「券」を発行して人々に貸し出すのです。それによって、銀行はもともと10万円だったお金を、100万円のお金に増やせてしまうのです。しかも、利子を付けて返してくれるので、銀行の利益にもなるのです。

■ 紙のお金の登場

　もうわかったかもしれません。この銀行が発行する「券」こそ「紙のお金」です。銀行が発行する券なので、「銀行券」と呼びます。それは、もともと金貨の代わりに発行され、いつでも金貨と取り換えてくれるからこそ、それ自体には価値がほとんどない紙なのに、金貨と同じように使われるようになったのです。いつでも金貨と交換できることを、「兌換」というので、このような銀行券のことを**兌換銀行券**と呼びます。

　ここで1つだけ注意してほしいことがあります。多くの国では、「銀行券」とは、もともと上の例のように「普通の銀行」が発行していた「券」でした。これが時代が経つにつれて、だんだんと日本銀行のようなその国の「中央銀行」だけが発行するように変わっていきました。日本でも、普通の銀行の方が日本銀行より早く作られ、普通の銀行の「銀行券」の方が「日本銀行券」よりも早くから発行されていたことは、日本史を勉強した人なら知っているかもしれません。ちなみに、第四銀行（新潟）や七十七銀行（東北）は、「第○国立銀行」と呼ばれていた明治から戦前の「普通の銀行」の番号が、今でもそのまま残っている例です。また、「第一国立銀行」は、現在では中央大学経済学部の就職先人数で、毎年1位を争う銀行に発展し

ています。

■ ついにタダの紙に

　これでようやく、「価値のほとんどない紙のお金が通用する」、というところまできました。とはいっても、この時の「紙のお金」である日本銀行券は、価値がある金貨といつでも交換できましたから、実際には価値の裏づけがあったともいえそうです。

　ところが、時代がもっと進むと、今度は、これが、「金貨との交換はできません」という、本当にタダの紙になってしまう時代がやってきます。日本でも外国でも、だいたい1930年代のことです。

　なぜ、銀行券の価値を本当になくしてしまうようなことを、わざわざしたのでしょうか。先ほど、「金貨10万円分→銀行券100万円で貸出し」という例を出しました。もし、「預けられた金貨は同じ10万円分だけど、銀行券を発行して、1人1万円ずつ1000人に合計で1000万円貸し出した」となったらどうでしょう。先ほどと同じように、10人までなら同時に銀行に行って銀行券を金貨に換えられます。しかし今回は、同じ10人といっても、借りた1000人のうちのたった1％の人が銀行券を金貨に換えただけで、銀行の金庫にある金貨はなくなってしまいます。こうしたことを避けようとすれば、日本銀行は、いつでも金庫にある金貨の量を見ながら、日本銀行券というお金をたくさん発行しすぎないように注意しなければなりません。

　ところが、当時、世界は1929年に起きた世界恐慌の後、失業者が増えるなど深刻な不況になっていました。これに対し

第4章　お金って何だろう？　　063

て、なるべく多くのお金を発行して経済をなんとか活発化しようと考えたのですが、「金貨と交換できる」兌換銀行券のままでは、上のようにお金の発行量も限られてしまいます。そこで、「金貨と交換できない」銀行券にすることで、お金の発行量を増やそうと考えたのです。「交換できない」ので**不換銀行券**と呼びます。この時以来、世界では不換銀行券がお金として使われることになりました。

▓ 価値のない紙のお金をなぜ使い続けるの？

　でもなぜ人々は、ほとんど価値のない紙を、お金として使い続けているのでしょうか（ちなみに一万円札の製造コストは、現在約20円程度とも言われているようです）。これは、結構大きい謎です。1つの答えは、「法律で決められているから」というものです。たしかに、日本銀行法という法律には、日本銀行券は「無制限に通用する」と書かれています。日本銀行券は誰でも必ず受け取らなければならない、という意味です。

　でも、いくら法律に書かれているからといって、みんながこの「紙」やそれを発行する日本銀行を信頼しなくなったら、誰もそんな「紙」は使いませんよね。そんなものよりも、金や銀とか、コメや野菜の方が、よっぽど価値もありそうだし、役に立ちそうだからです。実際、「紙」のお金が一気に人々の信頼を失って使われなくなったり、「札束」を積んでようやくタバコ1箱が買えたりといった例は、歴史上何度も発生しています。つまり、国が人為的に決めた「法律」は、大事ではあるけれども、社会の物事の根本を説明することにはなっていないということです。

064

そうではなくて、社会の根本を決めるのは、人々が、最初は価値のある金貨や銀貨を使い、次にそれらと交換できる兌換銀行券を使い、そして現代では「不換」であるのに日本銀行券を信頼して使っている、という経済的な関係なのです。ですから、この信頼が崩れれば、「なぜ価値のない紙のお金で何でも買えるの？」という問いへの答えも、変わってくるかもしれません。

　ところで、「福沢諭吉」→「樋口一葉」→「　？　」→「野口英世」の「？」には何が入りますか？

　答えは人物ではなく沖縄の守礼門なのですが、これは二千円札の図柄です。二千円札も、もちろん法律では「無制限に通用する」ことになっていますが、みなさんのなかで二千円札を

福沢諭吉

樋口一葉

？

野口英世

使ったことのある人はどのくらいいるでしょうか。おそらく見たこともない人がほとんどでしょう。なぜでしょうか。それは二千円札を使うのが不便だからです。たとえば、二千円札が使える自動販売機はあまり見かけません。二千円札対応の自動販売機の製造コストを、誰も負担したがらないからです。これも、お金が使われるかどうかは法律ではなく経済的な理由で決まる、ということの良い例と言えます。

第4章　お金って何だろう？

3. 紙のお金じゃないお金!?

■ 日本にあるお金の量は？

　ここまで、紙のお金がなぜ使われるのか、ということを見てきました。では、みなさんの持っているお札を日本中で集めれば、日本にあるお金の総量になるでしょうか？　日本にあるお札を重ねると富士山の約425倍の高さ、横に並べると地球の約62周分になるそうです。でも、これは日本のお金の総量を表していますか？

富士山の
なんと
425倍！

なんと地球を
62周！！

　実は、日本でお金というとき、お札（と100円玉のような硬貨）以外にもお金があって、むしろその方がはるかに多いのです。それは一体どんなお金なのでしょうか？

■ クレジットカードやプリペイドカードはお金？

　その答えは、お金の代わりに使えるカードかな？　と思った人もいると思います。でも「スイカ」や「イコカ」のようなプリペイドカードだったら、これはもともとお金で買ったり、お金をチャージしておいたものですね。だから、プリペイドカードは、お金があるからこそ使えるということは容易にわかります。

　クレジットカードはどうでしょうか？　クレジットカードで買い物をするということは、お店でもネットショッピングでも、「後でお金を払います」というみなさんのことを、信用し

てもらっているということです。ですから、クレジットカード
を使った場合でも、やはり後でお金が必要になりますね。とい
うことは、こうしたカードは、たしかに便利なものですが、そ
れでも、お金があるからこそ使えるもの、ということに変わり
ありません。ですから、カードはお金そのものではありません。

■ コラム（ビットコインはどの程度お金なのか？）

　街での買い物や食事にも使えるようになってきたビットコイン。
ビットコインは、どの程度「お金」としての性質を持っているので
しょうか。

　プリペイド式の電子マネーは、あらかじめ払っておいたお金をカー
ドを通して使うといった仕組みですが、ビットコインは少し違いま
す。たとえば、円とドルを交換するように、円とビットコインを交換
して入手します。それを街中で使うというものなので、電子マネーと
比べると、お金としての性質がより強いということができそうです。

　また、ビットコインの不正使用を防ぐのが、全取引を記録してい
く、マイニングという複雑な計算作業です。この作業を最も素早く
やった人には、新たに発行されたビットコインで報酬が支払われま
す。だから、ビットコインの価値は、この作業コストに支えられてい
るともいえ、本当の価値の裏づけがある金貨に近いとさえ、いえそう
です。

　しかし、本章で述べた通り、お金がお金として通用するゆえんは、
「誰にでも受け取ってもらえる」ということです。ビットコインは、
まだ使える店の数も少なく、たとえビットコインを使えるお店でも、
従業員の給料をビットコインで支払う、というところまではいってい
ません。この点では、まだお金とはほど遠いといえるでしょう。

　今後、ビットコインという最新テクノロジーの塊に、「みんながお
金として使うことに合意したモノがお金になる」という経済学の原理
が貫いていく可能性はありえるでしょうか。楽しみに見守っていきま
しょう。

第 4 章　お金って何だろう？

■ **紙のお金よりはるかに多いお金とは？**

ただ、プリペイドカードなら、現金でチャージする人が多いと思いますが、クレジットカードで買い物をして、後で現金でカード会社に支払いに行く人はあまりいないでしょう。多くの人たちは銀行の預金口座からの引き落としで支払っていると思います。つまり、みなさんが5000円のネットショッピングでクレジットカードを使い、1か月後に現金で支払う場合と、1か月後に自分の預金口座から引き落としで支払う場合とに違いはありません。この現金も預金も、どちらも後で支払うという「お金」として全く同じように使えるのです。しかも預金口座から支払うとき、現金は1円も必要ありません。つまり、預金こそ、現金と並ぶ現代のお金なのです。

ということは、日本中のお札を全部集めても、それは日本にあるお金の総量を表すことにはならないということです。むしろ、現金は日本で94兆円しかありませんが、預金というお金は597兆円もあります。現金は、お金全体の7分の1にもならないのです。「お金とは何ですか」と聞かれて、真っ先にお札や硬貨を思い浮かべるのは普通の見方です。でも、もうみなさんなら、「お金」とは「現金」と「預金」で、むしろ「預金」の方がはるかに多い、と答えられますね。

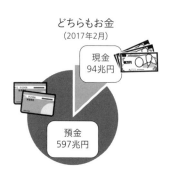

どちらもお金
（2017年2月）
現金 94兆円
預金 597兆円

4. お金を増やせば景気も良くなる?

　ところで、日本では、こうしたお金を少しでも増やすことでなんとか景気を良くしようという政策が、2000年頃からずっと続けられています。「アベノミクス」もその1つです。たしかに、「金貨と交換できない」不換銀行券が生まれたのも、当時の景気を良くしようという理由からでした。

　でもなかなかうまくいっていません。なぜなのでしょうか。銀行券を増やすにはどうしたら良いでしょうか?　どんどん印刷して、発行すれば良いのでしょうか。銀行券よりはるかに多い預金というお金を増やすには、どうすれば良いのでしょうか。みなさんにどんどん銀行に預けてもらえば良いのでしょうか。でもどんどん預けたら、財布のお金が減っていって、世の中でモノが売れなくなって、もっと景気が悪くなってしまいそうです。

　これは、実は日本銀行や経済学者もずっと悩んできた大問題なのです。ですから、簡単に答えることはとても難しいのですが、経済学部で勉強して、この問題の答えをみつけてくれたら、とても嬉しく思います。

【ブックガイド】

・池上彰『改訂新版　日銀を知れば経済がわかる』(平凡社新書、2017年)

　お金とは何かということから日本銀行や金融政策まで、なるべく易しくした池上解説。それでも金融なので難しく感じるかもしれませんがお薦めです。

第4章　お金って何だろう?

・ 西部忠『貨幣という謎　金と日銀券とビットコイン』
（NHK出版新書、2014年）

お金とは何かということから市場や資本主義までを論じた経済学の本。レベルは高いです。ただ、モデルや数式は必要ない、と言い切っているので、「経済学は数学」と誤解している人にこそ挑戦してほしいです。

【研究課題】

❶「紙のお金が通用するのは、法律で決まっているからだ」という意見に対して、本文で読んだことも参考にして自分の考えをまとめてみよう。

❷現金と預金を合わせたお金をまとめてマネーストックと呼びますが、1990年代からあまり増えていません。このことを、日本銀行のグラフで確認してみよう。（日本銀行時系列統計データ検索サイト http://www.stat-search.boj.or.jp/index.html →「主要指標グラフ」のなかの「通貨量」）。

❸なぜ、❷のようにお金があまり増えていないのか。また、日本銀行券をどんどん印刷して発行すれば景気が良くなるのかどうか。自分なりに考えてみよう。

第 **5** 章

えっ？　高校生って
国の借金払ってるの？

財政赤字と民主主義

1. あなたは、すでに多額の借金を背負っている!

　突然ですが、クイズです。高校生のみなさん一人ひとりが背負っている国の借金はいくらでしょうか?　次の3択から選んでください。

　　①　　　0円
　　②　410万円
　　③　840万円

　答えは、③の840万円です。え?　オレが?　私が?　すでに840万円もの借金を抱えているってなんで?　とお思いでしょう。でも、これは本当のことです。どういうことか、詳しく説明していきましょう。

　2016年12月31日時点の国の借金は、1077兆4234億円です。これを単純計算すると、国民1人当たり約840万円の借金をしているということになります。将来これを返していかなければならないのか!　と怒りを覚える人も多いでしょう。でも、実はみなさんは、高校生のうちからすでに、身に覚えのない借金を返し始めている、と言うことさえできるのです。

　たとえば、あなたのお小遣いが月5000円だったとすると、そのなかから8%の消費税、370円を払わなければなりません(5000 − 5000 ÷ 1.08 ≒ 370)。この8%分の消費税額のうち、1.7%分は地方のものとなっていますので、残り6.3%分、つまり、370円のうち291円が、国が使える消費税分となります。細かいことを省けば、国は消費税だけでなく、所得税などで集めた

お金のうち、24.4%を借金返済に充てていると考えられますので（2016年度）、その額は291円×24.4%≒71円となります。つまり、毎月あなたが使う

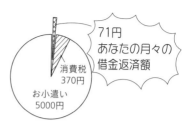

5000円のうち71円は、身に覚えのない借金を返すために使われていると言うことができます。

　このようにみなさんは、すでにこの問題に巻き込まれているのです。たった月々71円ぐらい、と思うかもしれません。ですが、多くの高校生は、今は消費税しか払っていないので、月々71円で済んでいますが、将来本格的に働き始めたら、もっと多くの税金をこのために支払わなければなりません。だからあなたは、すでにこの国の借金と無関係ではないのです。

　では、なぜ、高校生のあなたが借金をしてしまっているのか？　それは許されることなのか？　そして、その本当の問題点はどこにあるのか？　こういった問題について、いっしょに考えてみましょう。

2. そもそも、なぜ借金していいの？

　世間一般の常識では、借金は悪いことだと教えられると思います。私自身も、「ひと様からお金を借りるな」と親から教えられた記憶があります。借金をすると、その浪費的な生活態度を改めない限り、返済に追われ、ついには身の破滅に至るということは誰でも知っている通りです。では、なぜ、そもそも国

は借金をすることが許されているのでしょうか。

■ **均衡財政主義**

歴史を振り返ってみると、借金は望ましくないと考えられていた時代ももちろんありました。イギリスでいえば、18世紀の産業革命期やその後の時代は、国が借金をすることに否定的でした。国は経済に積極的に関与するのではなく、国防や治安維持といった最低限の役割を担えば良いのだ、というのがこの時代の考え方です。ですから、この時代には、国は税金による収入の範囲内でその支出をまかなうべきだ、という**均衡財政主義**が支配的でした。収入以上にお金を使うことはないので、国が積極的に借金をすることはありません。戦争などを理由にやむを得ず借金をすることはありましたが、このような借金はすみやかに返済すべきである、というのがこの時代の考え方でした。

■ **ケインズの登場と自然治癒仮説**

しかし、こうした均衡財政主義の考え方は、20世紀前半にケインズ（1883-1946）が登場することによって打ち破られました。ケインズは、世界史や政治・経済の教科書に登場する人物ですので、知っている人も多いかもしれません。ケインズは、均衡財政主義のように1年ごとの財政収支の均衡にこだわる必要はなく、不景気から好景気へという景気の1サイクルで財政収支が合えば良い、と考えました。

ケインズが活躍した1930年代は、1929年に起きた世界恐慌の影響で、世界中の景気が悪く、大量の失業者が発生していました。このようなときは、人々の収入が少ないのですから、税収はどうしても減ってしまうものです。そこで均衡財政主義にこだわれば、すぐに増税をおこなうこととなりますが、増税すると人々の生活はさらに苦しくなり、一層の景気の悪化を招くことになりかねません。ケインズは、このようなときは増税するのではなく、むしろ積極的に借金をして、公共事業をおこなうべきだと考えました。国が失業者を雇用して公共事業をおこなえば、失業者もお金を稼ぐことができ、そのお金をみなが使うことで、景気が次第に回復するだろう。そうすれば自然と税収も増えて、不景気のときにした借金も返済できる、と考えたのでした。こうすれば、不景気と好景気という景気の1サイクルで財政収支が均衡し、借金が積み重なることはないはずだ、というのが彼の考えでした。この考えを、**自然治癒仮説**といいます。

　自然治癒仮説の下では、景気が悪いときに国が借金することは、景気を回復させるために良いことだと考えられるのです。

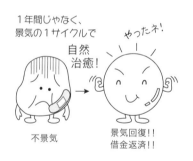

■ 利用時支払いの原則と60年償還ルール

　また、ほかにも国による借金を正当化するような考え方があります。

国が建設する道路や橋などを社会資本といいますが、この社会資本整備のためには、国は借金をしたほうが良いと考えることができます。なぜなら、道路や橋などは1年や2年で使えなくなるわけではなく、その耐用年数はとても長いからです。日本での耐用年数の想定は60年となっています。それならば、道路や橋の建設費をいま生きている人が払った税金だけでまかなうのはむしろ不公平である、まだ生まれていない子どもも含む将来の人たちもその道路や橋を使うのだから、その人たちも応分の負担をするべきである。たしかに、このような考え方も可能ですね。これを、**利用時支払いの原則**といいます。この考え方に基づけば、道路や橋などの建設費は借金でまかない、毎年60分の1ずつ税金によって返済していくことが理にかなっている、ということになります。これは**60年償還ルール**と呼ばれています。

　このような理由から、日本では、道路や橋などの建設のため、すなわち公共事業のためには借金をしても良いとされており、これについての法律もあります。社会資本整備のためならば国は借金をしても良い、ということが法律に定められているのです。

■ 国が借金して良い理由——まとめ

　ふつう借金は悪いことだとされているのに、なぜ国は借金をしても良いのか。1つには、景気の悪いときに借金をして公共事業をおこない、景気を回復させることは良いことであり、自然治癒仮説に基づけば、借金が累積することはないと考えられるからです。また、公平な税負担を目指すため、利用時支払い

の原則・60年償還ルールがあるからです。

　そして、国の借金は、すべて法律に基づいて行われています。だったら問題ないじゃないか、と思う高校生がいるかもしれません。しかし、法律に基づいているからといって、国が借金をすることに問題がないわけではありません。借金がふくらむことで財政硬直化を招いたり、金利が上昇してしまうなど、さまざまな問題があります。しかし、これらは"高校生のあなたが"借金を抱えてしまっていることの本当の問題点とはいえません。高校生が借金を抱えてしまっているという事実、この真の問題点はどこにあるのか。次にそれを探ってみたいと思います。

3.高校生が借金を背負うことの
　本当の問題点はこれだ！

　道路や橋などの社会資本は耐用年数が長いため、そのための借金は時間をかけて返していくことで、将来世代もいっしょに借金を返済していくこととなる、と説明しました。このことは、一見公平であるようにみえます。でも、本当に公平だといえるのでしょうか。

■ その道路、本当に使う？
　たとえば、いまみなさんが、ここに道路を作ろうと決めたとします。この道路を作るための公共事業費は、先ほど述べた通り、国が借金をして、60年かけて返済していくこととなります。この借金を返し終わるのは、みなさんが何歳のときでしょ

第5章　えっ？　高校生って国の借金払ってるの？　　077

うか。この本を読んでいるみなさんの多くは15〜18歳でしょうから、借金を返し終わるのは75〜78歳のとき、ということになります。75歳ともなれば、子どもや孫がいる人もいることでしょう。あなたが今ここに道路を作ると決断すると、それは「あなたの子どもや孫に借金を背負わせると決めた」ということにほかならないのです。

さらに、あなたは「いま決めた道路は60年後もみんなが使っているはずだ」と自信をもっていえますか？ 60年のうちに、その道路の周りに住む人がいなくなり、ほとんど使われない道路になってしまう可能性はないのでしょうか。

では、今から60年前の日本を想像してみましょう。2017年から60年さかのぼると、1957年ごろですね。このころといえば、安倍首相のおじいさんである岸信介内閣が発足、人気歌手といえば美空ひばりや石原裕次郎、コカ・コーラが日本で初めて発売され、NHKがカラーテレビの実験放送を開始。テレビはまだ白黒が主体で、やっと家庭用のテレビが普及し始めてきた、そんなころです。このころの人たちが、インターネットが使えたり、パソコンやスマートフォンで手軽に情報を得たり、写真は誰もがかんたんに撮影して印刷できたり（少し前まで写真はフィルムで撮影し、専門店で紙に現像しないと入手できないものでした）、電気自動車が走っていたりする今の社会を、想像することができていたでしょうか。おそらくできていなかったに違いありません。

さて、これでもいま作った道路が60年後にも使われていると、自信をもっていえますか？ もちろん60年後にきちんと使われている道路も数多くあることでしょう。しかし、60年後

を予想するというのはとても難しいということは、おわかりいただけたのではないでしょうか。

60年前の1957年に岸内閣が発足したと述べました。岸内閣がすると決めた借金を、やっと今年返し終える。しかも、高校生であるあなたが払った税金も使いながら。それが利用時支払いの原則・60年償還ルールの本当の姿です。60年前に作られた道路や橋をありがたく使っているというケースももちろんあるでしょう。しかし、これが本当に公平なルールになっているのかというと、そうとも言い切れない面があるのです。

■ 代表なくして課税なし

もうひとつ、同じことを別の角度からみてみましょう。再び歴史の話をします。アメリカ独立戦争（1775-83）の話です。歴史を振り返れば、アメリカ独立戦争のきっかけとなったのは、まさにこの問題でした。

当時のアメリカは、イギリスの植民地でした。新天地を求めてイギリスを出た人々は、アメリカに植民地をつくり、次第にその人口を増やしていきました。このころ本国のイギリスでは財政状況が悪化しており、増税の必要に迫られていました。そこで、植民地であるアメリカにも、課税を強化することとなりました。しかし、アメリカ植民地に住む人々は、これに猛反発。なぜだかわかりますか？　単に増税されたからだけではありません。それは、アメリカ植民地からイギリス議会へ、議員

を送っていなかったからです。たとえば今の日本なら、各選挙区から国会議員が選出され、必ず日本各地の議員が代表として国会に参加することとなっています。当時のアメリカは、このようにイギリス議会に代表を送る権利をもっていなかったのです。アメリカ植民地は、代表を送っていない以上イギリス政府はアメリカ植民地に課税する権利をもたない、と考えました。**「代表なくして課税なし」**のスローガンです。逆にいえば、当時のアメリカは、議会に代表を送っていないのに課税だけされるという、「代表なくして課税あ̇り̇」の状況でした。これがアメリカ独立戦争へとつながっていくのです。まだ習っていない人は、世界史の授業を楽しみにしていてください。

　ここで、この問題を、高校生が国の借金を背負っているという問題に置き換えてみると、現在の高校生は、まさしく「代表なくして課税あ̇り̇」の状況に置かれているのです。自分では意思決定に参加していないけれど、いつのまにか多額の借金を背負わされていて、その返済にかかわらざるをえない。このような状況に置かれているのが今のみなさんなのです。

　60年償還ルールの下で借金をするということは、将来の税金を先取りしているということでもあります。借金を60年かけて税金で返済していくのですから、借金をすることは60年分の税金を前借りするのと同じ意味になる、ということです。

言い方を変えれば、借金をするということは、自分たちの税金をどのように使うか、という60年分の意思決定を今日してしまう、ということにほかなりません。安倍総理のおじいさんは、60年後にスマホが普及している世界を想像できたでしょうか。同じように、私たちは、60年後の世界を予想できるでしょうか。今日借金をするということは、60年分の税金の使い道をいま決めることに等しいのです。本当に、私たちにこのことが可能なのでしょうか。あるいは、このような意思決定を、私たちはすべきなのでしょうか。

　高校生1人あたり840万円の借金を背負っていること、このこと自体も大きな問題です。しかし、「代表なくして課税あ・り・」。これこそが、高校生が借金を背負うことの真の問題点なのです。

4.どうやって借金に立ち向かう?

　では、どうやってこの借金問題に立ち向かえばよいのでしょうか。この問題を解決するためには、私たちが自分で借金をした場合に収入と支出を見直し、生活態度を改めるのと同じように、これまでの財政の運営方法を改めることが必要です。

　1つには、きちんとしたルールに基づいて財政を運営することが必要だといえます。景気の悪いときに借金して、景気が良くなったら返済するという自然治癒仮説の通りに財政が運営されていれば、借金が累積することはないはずです。しかし、これまでの日本では、景気が良くなっても、必ずしも借金の返済額を増やすということはおこなわれませんでした。なぜでしょ

うか。今日の大衆民主主義の下では、増税政策は常に不人気だからです。景気が良くなって、いざ増税しようというときになっても、政治家はなかなか増税できません。なぜなら、私たち国民が、増税を嫌うからです。国民から嫌われては次の選挙で勝つことはできませんから、政治家も増税しようとしません。むしろ、景気が良くなっても、余裕があるときこそ社会資本を整備すべきだなどといって、借金が積み重ねられてきました。高校生のみなさんも、在学中に選挙権をもつことになります。そのときに、安易に増税に反対してもよいものか、よく考えてみる必要があることがわかっていただけるのではないでしょうか。

また、ルールだけを設定しても、問題が解決されるわけではありません。憲法や法律で「均衡財政主義を守ろう」とだけ決めても、おそらくうまくいかないでしょう。現に、これまでもさまざまなルールが設定されてきました。しかし、それらは景気の悪化など、さまざまな理由で守られないことがほとんどでした。たとえ法律で決めたとしても、実際の経済の動向を無視してはうまくいかないということであり、ルールの設定もそれを守るのも、政治家であり、その政治家を選ぶ私たち自身である、ということです。

みなさんも、テレビのニュースなどで**財政再建**という言葉を聞いたことがあると思います。財政再建とは、その言葉の通り、財政を再び建て直すという意味です。この財政再建とは、上のように考えてくると、単に借金を減らすことだ、とはいえないことがわかります。

では、財政再建とはどういうことなのか。それは、私たちが

改めて今日の経済における国の役割を考え直すことなのです。国は、どのような物やサービスを提供するべきか。つまり、どこに道路や橋といった公共物を作るべきか、教育サービスに国がどこまでかかわるべきか、医療や年金の問題はどうするのか。そして、これらの国が提供すべき物やサービスのために、どのような税を誰から集め、借金をするのかしないのか、このことが景気を悪化させないか。こうしたことを、政治家や官僚

■ コラム（年金は本当にもらえない？）

「今の子どもたちが大人になる頃には年金をもらえなくなる」「超高齢社会で年金制度が破綻するから、消費税を増税するしかない」といった話は、みなさんも耳にしたことがあるかもしれません。たしかに、2000年には3.9人で1人の高齢者を支えていたのに対し、2030年にはわずか1.8人で1人を支えるという計算になります。しかし、年金は、本当にもらえなくなるのでしょうか。

実は、「支えられている」のは、高齢者だけではありません。「支える」のが労働者だとすれば、赤ちゃんからお年寄りまで、すべての人が「支えられている」と考えることもできます。この考え方で計算すると、労働者1人が「支える」人数は、2000年で1.9人、2030年で1.8〜2.0人程度と、ほとんど変わらないのです。

また、現在の年金は、今働いている人から集めたお金を、今のお年寄りに支払う制度となっています。ところが、実際には2015年で約170兆円もの積立金が貯まっており、しかもその積立金は、道路建設に使われたり、株式に投資されたりもしています。日本は他の先進国に比べて、労働者の保険料の負担率が高く、企業の負担率が低いという特徴もあります。年金の財源について、消費税以外の税が議論されることも少ないといって良いでしょう。

170兆円といえば、2015年の年金に必要だった額の3.6倍です。こんなに積立金があるのになぜ年金が破綻していると声高にいわれるのでしょうか。いっしょに経済学を学び、こういった問題をしっかり考えていきましょう。

第5章　えっ？　高校生って国の借金払ってるの？　　083

といった人たちだけでなく、私たちみんなで、もちろん高校生のあなた自身も考えることこそが、財政再建の第一歩なのです。

　高校生のみなさんが知らぬ間に借金を背負わされていることの問題点は、「代表なくして課税あり」の状態になっていることにある、ということを述べました。これは、「代表なくして課税なし」という理念と、国の借金を正当化している利用時支払いの原則および60年償還ルールが、原理的に相容れないものであるために起こっている問題といえます。この2つの考え方は、一つひとつみればどちらにも理がありますが、両立しにくいものなのです。この2つを天秤にかけて考えるだけでも難しいのに、さらに、景気が悪くなったとき、それを回復させるために借金をして公共事業をすべきかどうか、と考え始めると、問題はより複雑になってきます。

　国の借金にどう立ち向かい、将来の日本の財政をどうすべきか。考えるべき論点は多いのですが、高校生のみなさんといっしょに考えていければと思います。

【ブックガイド】

・井手英策『財政から読みとく日本社会』（岩波ジュニア新書、2017年）

　　財政は社会を映し出す鏡である。この視点にたって、財政に現れた日本社会の問題点をていねいに解説しながら、私たちが考えるべき選択肢を示しています。高校生が読むべき次の1冊はこれです。

・神野直彦『財政のしくみがわかる本』（岩波ジュニア新書、2007年）

高校生向けに財政のしくみを優しいまなざしをもって解説した本です。この本では、国がもっている資産も考慮して、国の借金問題をどう考えるか、考察されています。

・幸田真音『天佑なり—高橋是清・百年前の日本国債（上・下）』（角川文庫、2015 年）

高校日本史の教科書に出てくる高橋是清（1854 - 1936）。彼は、第二次世界大戦前の日本における国債の歴史に大きくかかわっています。とくに、彼はどのように日露戦争の戦費調達を成功させたのか、なぜ彼は満州事変後に国債の日本銀行引受を導入したのでしょうか。経済小説からでも、十分に問題意識を高めることができます。

【研究課題】

❶ 日本において、国の借金を 60 年かけて返済する「60 年償還ルール」が採用されている理由とその問題点について整理した上で、このルールについて、あなたはどう考えるか、意見をまとめてください。

❷ 財務省ウェブサイト「日本の財政を考える」（http://www.zaisei.mof.go.jp/）を調べて、①日本の財政を家計に例えたら、どのような状態か、②いま国の借金はいくらで、どのように推移してきたか、③日本の国の借金は国際的にみてどのような状態か、について整理した上で、日本の財政の現状について、あなたはどう考えるか、レポートにまとめてみよう。

❸ 希望する誰もが大学で学べるように、学費を無償化すべきだとの議論があり、その財源として、「教育国債」が考えられています。①希望する誰もが大学で学べるよう

第 5 章　えっ？　高校生って国の借金払ってるの？　　085

に、大学の学費を無償化すべきですか、②その財源とし
て、「教育国債」、つまり、教育無償化のために、借金す
ることは望ましいですか。自分の意見をまとめてみま
しょう。

筆者のひとりごと

　私が担当する日本経済史の講義では、留学生が多いこともあって、小学
生用のビデオを見ることがよくあります。日本人学生にとっても復習にな
るはずですが、なかには「小学生向けのビデオを、わざわざ大学の講義で
流すのは時間のムダだ」という感想をもつ学生もいるようです。

　でも、「簡単だから」とか「知っているから」とかいって、それを「当
たり前」と思って思考を停止するのは少しもったいないことです。そうい
う学生に、「1＋1＝？」と聞くと、「2でしょ？」と即答したりします。

　しかし、本当にそうと言い切れるでしょうか。数学の専門家に聞けば、
単純に「答えは2だ」とは言わないはずです。「あなたの言う通り2かも
しれない。だけど、二進法なら10だし、2の剰余系なら0だし、ブール代
数なら1だし…」となると思います(詳しくは、三浦俊彦『天才児のた
めの論理思考入門』河出書房新社、2015年参照)。それに、居酒屋でオジ
サンに「1＋1＝？」と聞いたら、「田んぼの田」と言うかもしれませんよ。

　このように、「1＋1＝2」は、当たり前ではないのです。文章や話も同
じです。「簡単に書いてあるから」とか「そんなの知っている話だよ」と
いった態度をもって接すると、大事なことを読み取れなかったり、聞き逃
したりするかもしれません。

　件の学生もビデオ解説の後には、「小学生のためのビデオでも、そこか
ら大学での経済学の講義に結びつくような発見・解釈ができることがわ
かった」という感想を述べています。このような申し分のない感想をもら
うと、大学教員としての願いが叶ってうれしくなります。みなさんには、
直前の1文にある「1＋1＝？」の私の答えが、「申」と「叶」にあったこ
とに気付いてもらえると、さらにうれしくなります。

第 **6** 章

経済って
どうやって測るの?

GDPと物価

1. モノは安ければ安い方が良いよね?

　みなさんの周りには、様々なモノが売られています。モノにはそれぞれ値段がついており、おカネがあれば様々なモノを買うことができます。一般にモノを購入するとき、買い手は、より安い値段のモノを購入することが考えられます。例えば、スーパーマーケットで、りんごとみかんが、それぞれ1個200円と150円で売られていたとしましょう。買い手の趣向にもよりますが、どちらか1種類を購入するということを想定した場合、みかんの方が、りんごと比較してより安い値段で販売されていますので、買い手は、みかんの購入を選択する可能性が高いでしょう。しかしながら、りんごが100円で売られていたとします。その場合、みかんより値段が安くなりますので、買い手にとっては、みかんではなくりんごを選択する可能性が高いと言うことができます。

　もちろん、買い手が何を購入するかは、買い手の財布に入っているおカネの量にも依存します。財布にたくさんおカネが入っているのであれば、みかんよりりんごの値段が高かったとしても、最初からりんごを購入する選択もあるでしょう。その一方で、タイムサービスでりんごが安くなるのが予想されているのであれば、タイムサービスの時間帯まで待って、りんごを購入するという行動をとるかもしれません。このように、個人の購入活動は、個人の所得とモノの値段によって決まります。

　モノの値段が安ければ、購入できるモノの量が増えるだけでなく、購入における選択肢が増えますので、モノの買い手にとっては望ましいと言うことができます。

しかし、モノの売り手にとってはどうでしょうか。安い値段で販売するということは、同じ量だけ売った場合の売上高がその分だけ減ることを意味しています。例えば、りんご100個を200円で売った場合と100円で売った場合では、売上高は、20000円から10000円へと半分に減ってしまいます。売上高が減少すれば、売り手にとってのもうけ（利益）が減りますので、モノの売り手にとっては望ましい状況とは言えないでしょう。それだけではなく、売上高が減ることによって、例えば、このりんごを売っているスーパーマーケットで働いている従業員の給料、さらには従業員の雇用にも影響を与えるかもしれません。このことは、従業員が持っている財布に入っているおカネの量の減少をもたらすことを意味します。そのため、スーパーマーケットの従業員がもし顧客としてそのスーパーで買い物をすることを考えた場合、りんごが100円に安くなったとしても、りんごを購入しないという選択を取るかもしれません。

　このようにモノの値段が変わることは、買い手の購買活動と売り手の販売活動に直接的な影響を及ぼすだけでなく、売り手（企業）の売上高の増減に伴う従業員（雇用者）の所得の変動によって、買い手としての雇用者の購買活動にも影響を与えます。

■ インフレーションとデフレーション

　先ほどの例では、売り手であるスーパーマーケットの従業員が、その買い手にもなるようなケースを用いて説明しましたが、実際には、スーパーマーケットの売り手と買い手が一致するケースは少ないと思われます。しかしながら、特定のスーパーマーケットだけでなく、日本全体でモノが安くなっている

ような状況が起これば、直接的だけでなく間接的に、売り手や買い手の行動に影響を与えることになります。したがって、モノの値段がどう変化するのかは、経済活動を行う売り手と買い手のいずれにおいても重要な関心事となります。

モノの値段の変化の方向は、インフレーション（インフレ）とデフレーション（デフレ）に区別することができます。インフレーションとは、モノの値段が持続的に上昇することであり、デフレーションとは、モノの値段が持続的に下がることです。また、個々のモノの値段（価格）について包括的に表した国全体を代表するモノの値段を物価と呼んでいます。

■ 良い物価上昇と悪い物価上昇

これまで、モノの値段が下がると、買い手の購買活動や売り手の販売活動に影響する場合があることを説明しました。それでは、モノの値段が上がった場合は、どうでしょうか。モノの値段が上がるプロセスについては、良い場合と悪い場合の2つがあります。

良い場合とは、以下のように説明されます。モノが生産される以上にモノが売れた結果、モノ不足が生じたために、売り手（企業）は値段を上げても売れると考え、その結果としてモノの値段が上がります。売り手は、売上高を伸ばそうとして、さらに生産を拡大しようとします。具体的には、新たに工場を建設したり、工場で働く従業員を増やしたりするわけですが、それは、結果的に従業員全体の賃金の増大をもたらし、従業員の財布に入るおカネの量を増やすことから、それは従業員によるモノの消費を促します。それによって、さらなるモノ不足が生じ

ると、モノの値段がさらに上がるというプロセスをたどります。これは、良い物価上昇といわれており、ハッピーな状態だと言えます。

　一方、悪い場合については、モノの原材料費が高くなった結果、売り手がモノの値上げを行った場合がそれに当てはまります。こうした状況では買い手の賃金は上がりませんので、モノの購入量を減らします。その結果として、モノが売れなくなることから、企業は、工場にある機械設備の稼働を停止する等、生産の縮小を行います。それによって、企業で働く従業員のボーナスのカットという形で従業員の給料が下がるだけでなく、従業員が減らされる場合もあるでしょう。給料が下がることは、買い手のさらなる購入量の減少をもたらします。これは、悪い物価上昇と言われており、ハッピーな状態とは言えません。

　こういったことから、モノの値段が上昇している場合、それが良い物価上昇なのか、あるいは悪い物価上昇なのかを注意深く見ていくことが重要です。

2. モノの値段の動きを指数で捉える

　モノの値段の動きを数字で把握する場合、一つひとつのモノの値段の変化だけでなく、国全体としてのモノの値段（物価）の動きを捉えることによって、モノの値段の動きが国全体の経済に及ぼす影響を探ることができます。そこで、国全体におけるモノの値段の変動を把握するために、物価指数という統計数字を用います。

第6章　経済ってどうやって測るの？　　　091

■ 物価指数とは？

物価指数とは、モノの値段の動きを捉えるために、2つの時点における物価に関する統計値を比べることによって求めた統計数字です。例えば、2010年と2015年の2時点を対象にした場合、2010年から2015年にかけて物価がどの程度変動したのかに関しては、2010年にモノの購入に要した金額を基準として、2015年に購入に要した金額との比率によって求めます。りんごとみかんを例に、物価指数の考え方を簡単に説明します。

図表1は、2010年と2015年におけるりんごとみかんの価格および2010年におけるそれぞれの購入量を示しています。2010年を基準年としたときの2015年の物価指数は、つぎのように計測されます。最初に、2010年における支出の合計は

$$100 円 \times 200 個 + 50 円 \times 300 個 = 35000 円$$

となります。

ところで、2015年時点のりんごとみかんの購入量は、現段階ではわからないと仮定して、2015年においても、りんごとみかんを2010年のときと同じ量だけ購入したとします。その場合、2015年における支出の合計は

$$150 円 \times 200 個 + 80 円 \times 300 個 = 54000 円$$

と計算されます。

物価指数は2010年と2015年で同じ量を購入したとき、どれだけ価格が上下するのかをみる指数として考えることができ

図表1　りんごとみかんにおける価格と購入量の例

	2010年の価格	2010年の購入量	2015年の価格
りんご	100円	200個	150円
みかん	50円	300個	80円

ますので、

$$\frac{54000}{35000} \times 100 = 154.2857143\cdots \fallingdotseq 154.3$$

と算出されます。

　これは、2010年を100としたときの2015年の物価指数であり、2010年を100としたときの2015年の物価水準の上昇度を表しています。すなわち、2010年から2015年にかけて物価が54.3％上昇していることを示しています。

■ 消費者物価指数と企業物価指数の動き

　日本における物価指数の例としては、総務省統計局が毎月作成・公表している消費者物価指数（CPI）や、日本銀行が毎月公表する企業物価指数（CGPI）等があります。

　消費者物価指数は、食料品や住居といった様々なモノの組み合わせを対象として作成されています。消費者物価指数の対象となる品目の中には、野菜や果物のように天候の影響を受けやすいモノがあります。また、原油価格は、原油の国際的な取引によって変動しますが、こうした原油価格の変動の影響を受けやすいモノも対象となる品目に含まれています。そこで、物価の動きを見るときには、これらのモノを除いた物価指数を用い

第6章　経済ってどうやって測るの？　　093

ることが少なくありません。図表2は、食料（酒類を除く）およびエネルギーに関する項目を除いたコアコアCPIといわれる消費者物価指数の動きを示したものです。また、季節の影響を考慮するために1年前の同じ月との物価上昇率の変化（前年同月比）の動きも併せて示しています。図表2を見ると、2014年4月に消費税が5％から8％に上がったことから、それに伴い消費者物価指数も上昇していることがわかります。その後の動きを見ると、コアコアCPIは100前後とほぼ横ばいで推移しています。また、コアコアCPIの前年同月比においても、最近は0％近辺で動いていることが見て取れます。すなわち、近年はモノの値段はほとんど変わっていないと言うことができます。

他方、国内企業物価指数は、企業が国内で生産活動を行うために購入する原材料のような企業間で取引されるモノ（中間財）に関する物価指数です。図表3は、消費者物価指数と国内企業物価指数（いずれも2010年＝100として算出されています）の動向を前年同月比で見たものです。消費者物価指数と比べると国

図表2　消費者物価指数（コアコアCPI）の動き

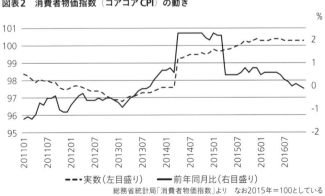

総務省統計局「消費者物価指数」より　なお2015年＝100としている

図表3　物価指数（前年同月比）の推移

総務省統計局「消費者物価指数（総合指数）」、日本銀行「国内企業物価指数」より

内企業物価指数の場合、変化の動きが全般的により大きくなっていることが注目されます。例えば、2009年には国内企業物価指数の前年同月比が、消費者物価指数のそれと比べて大きく下落しています。このことは、2008年のいわゆるリーマンショックによる企業の販売活動の縮小に伴い、原材料費の購入が減ることから、最終消費財よりもむしろ中間財において、モノの値段の下落がより大きくなっていることを示しています。その一方で、図表3では、2015年以降、国内企業物価指数が消費者物価指数と比べてもより下がっていることが確認できます。これについては、近年原油価格が国際的に見て下落する傾向にあったことから、原材料を安く仕入れることが可能な状況になっていることを見て取ることができます。

3. モノの値段の変動と国の経済との関係

　モノの値段が変動すると、個々の売り手の販売活動や買い手

の購買活動に影響を及ぼすことは先ほど述べましたが、これらの活動の結果である国の経済の大きさにも影響を与えます。国の経済の大きさを測るための数字として用いられるのが、国内総生産という統計指標です。

■ 国の経済の大きさを測る——国内総生産（GDP）とは？

　ある国において経済活動を行っている企業は、価値のあるモノを生産し、モノを買い手に販売します。その結果として企業に売上が発生しますが、原材料費を除けば、企業の手元に残ったカネは、企業の生産活動によって得られた成果ということができます。このような成果としてのカネは、企業で働く従業員の給料、機械設備の費用、税金への支払に分配され、残りは企業のもうけという形で分配されています。このような個々の企業の生産活動の成果を集計すると、国レベルの経済活動の大きさがわかります。国内総生産（GDP）は、個々の企業の生産活動によって、国全体において新たに作り出された活動の成果の総計と定義され、国全体の経済水準を把握するために用いられます。架空のＡ国を例に、国内総生産について説明することにします。なお、単純な例で説明するために、Ａ国では、鉄を生産しているＡ社、部品を生産しているＢ社と自動車を生産しているＣ社の３つの会社のみから成り立っているとします。

　図表4は、2015年におけるGDPの計算例です。なお、便宜上、通貨は円単位で表示されています。Ａ社は、鉄鉱石と石炭を原材料として、100億円分の鉄の生産を行うとします。Ａ国では、鉄鉱石と石炭が豊富に存在していることから、原材料費は0円と仮定します。鉄鉱石と石炭を加工することによっ

図表4　A国におけるGDPの計算例

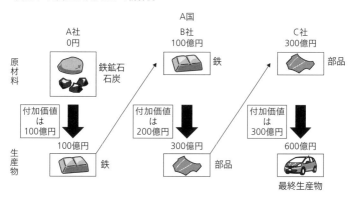

て、鉄という新たに有用なモノが生み出されたわけです。そのような加工によって新たに発生するモノの値打ちを付加価値と呼び、それは、生産額と原材料費の差として求められます。A社の場合は、100億円 − 0円 = 100億円が付加価値となります。つぎに、B社は、A社から100億円分の鉄を購入して、300億円分の自動車用の部品を生産します。自動車用の部品も、鉄から加工される過程で、自動車の生産に必要なモノとしての付加価値を獲得しており、その付加価値は、300億円 − 100億円 = 200億円となります。さらに、C社は、300億円分の部品を購入して、自動車部品を組み立てて600億円分の自動車を生産するとします。自動車の生産において発生した付加価値は、600億円 − 300億円 = 300億円となります。A国のGDPは、A社、B社とC社の付加価値の総計となることから、

100億円 + 200億円 + 300億円 = 600億円

と計算されます。なお、図表4において、付加価値の総計で
ある600億円と、最終生産物である自動車の生産額600億円
が一致していることに注目してください。

■ GDPの名目値と実質値

　国の経済の大きさを表す指標のGDPには、ある年のモノの
値段で測った生産額を表す名目値としてのGDP（以下、「名目
GDP」と呼びます）と物価の変動分を割り引いた生産量を表す実
質値としてのGDP（以下「実質GDP」と呼びます）があります。
物価変動が国の経済の規模に及ぼす影響を考慮するためには、
名目の数値と実質的な数値の違いを明らかにすることが重要で
す。図表4の例で具体的に説明しましょう。

　2015年では、100万円の自動車を60000台生産することに
よって、最終生産物である自動車の生産額は600億円になっ
ています。2016年には、原材料費が上がったこともあり、自動
車の値段は、110万円になったとします。2015年と同じように
自動車を60000台生産したとしますと、2016年における自動車
の生産額は110万円×60000台＝660億円になります。図表
4における2015年の自動車の生産額は600億円ですから、
2016年にはその生産額が660億円に増えたことになります。
この660億円という数字は、2016年における付加価値の総計と
同じであり、2016年のモノの値段で測ったGDP（名目GDP）と
なります。その場合、名目GDPは1年間で10％（＝（660億円
－600億円）/600億円×100）増加したということができます。
一方、2015年の自動車の値段である100万円を基準となる数値
として実質的な生産額を計測すると、100万円×60000台＝

600億円となります。それは、自動車の生産台数が、2015年と2016年で変わらないからです。図表4においては、この600億円という数字は、2015年からの物価の変動分を割り引いた2016年の実質GDPとなります。

つぎに、GDPの成長率を見ていくことにします。GDPの成長率は、景気の動きを見るための指標の1つとして使われます。GDPの成長率がプラスの場合、景気は拡大しますが、GDP成長率がマイナスになると、景気は縮小すると考えることができます。図表5は、名目GDPと実質GDPの成長率の動きを見たものです。バブル崩壊後の1994年およびリーマンショック後の2009年において、実質GDP成長率がマイナスになっています。この時期に、モノの生産量が減少した結果、日本の経済の水準が実質的に落ち込んだことを示しています。つぎに、1980年代後半から1990年代前半までは、名目GDPの成長率が実質GDPのそれを上回っています。それは、1980年代後半から1990年代初頭のバブル期を中心に物価が上昇傾向に

図表5　名目GDP成長率と実質GDP成長率の推移

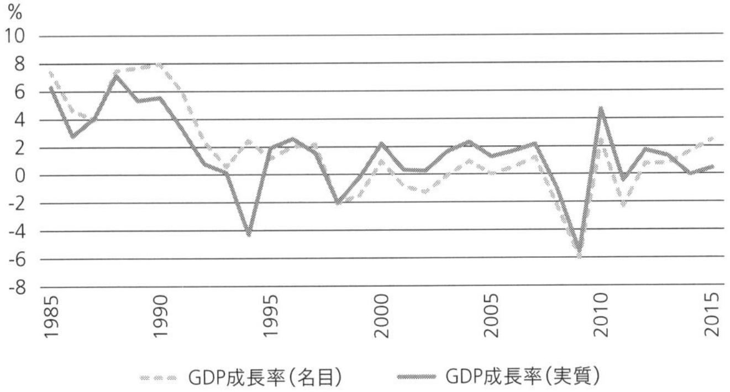

内閣府「国民経済計算」より

第6章　経済ってどうやって測るの？　　099

あったことから、名目 GDP から物価変動分を割り引いた実質
GDP が名目 GDP を下回っていることを意味しています。一
方で、1990 年代後半から 2000 年代にかけて、名目 GDP の成
長率が実質 GDP のそれを下回っていることがわかります。こ
れは、バブル崩壊後の長期停滞の影響で日本経済がデフレー
ションの状況にあったことを示しています。

4. おわりに——経済を測ることの必要性

　本章で述べたように、モノの値段の動きは個人の購入活動や
企業の販売活動に影響を与えます。そこで、モノ全体としての
物価の変動を捉えるために、日本でも物価指数が作成されてい
ます。また、国全体の経済の規模を把握するために、GDP 統計
が作成されることによって、世の中の経済がどのように動いて
いるかを、国全体の経済活動の成果として捉えることができま
す。こうした物価指数や GDP のような統計数字は、政府の経
済政策における重要な判断指標となっています。

　社会は経済の動向に大きく左右されています。みなさんの周
りにある「モノ」や「カネ」の動き、さらには「ヒト」の動き
を具体的に数字で捉えることによって、少しずつ社会の仕組み
がわかってきます。経済に関する統計数字を参考にしながら、
世の中の動きに関心を持つことが大切だと思います。

■コラム（豊臣秀吉とGDP）

　みなさんも、天下統一をなしとげた豊臣秀吉（1537-98）が行った政策として、太閤検地や刀狩などを勉強したと思います。このうち、太閤検地とは、全国の田畑を測量し、石高をきちんと見積もることでした。そのために、長さを測る定規を"検地竿"に、容積を量る枡を"京枡"に統一したのです。これを難しい言葉で、「度量衡の統一」といいます。

　これによって、秀吉は各大名の"経済の大きさ"を正確に把握できるようになりました。それまでは全国バラバラの"モノサシ"が使われていたので、正確な"経済の大きさ"、つまり、各大名の経済力＝軍事力を把握できていなかったのです。秀吉は度量衡を統一することで、その支配を強めていきました。世界史を振り返っても、秦の始皇帝や古代ローマ帝国が度量衡を統一しています。このことからも、度量衡の統一、ひいては"はかること"が、いかに重要かがわかります。

　今日の経済の大きさを測るモノサシは、GDP（国内総生産）です。身長がセンチメートルで、体重がキログラムで表されるのと同様に、経済はGDPの金額（単位は、日本では円）で表されます。しかし、モノの値段は上がったり下がったりしますので、この点を考えないと、経済の大きさを正確に測ることはできません。だから、経済の大きさを正確に測るためには、モノの値段の集まりである物価の影響を踏まえたうえで、GDPで測る、ということがとても重要になるのです。

　経済の大きさを正確に測れなければ、景気がいいのか悪いのかさえわかりません。だからこそ、このために必要なGDPと物価について、学ぶ必要があるのです。

【ブックガイド】

・門倉貴史『統計数字を疑う—なぜ実感とズレるのか？』
（光文社新書、2006年）

　　この本は、経済統計の利用者としてのエコノミストの観点から、公表されている統計数字と現実の経済に対する実感とのズレを取り上げています。経済統計が持つくせやパターンを知ることが経

済統計を見る上で重要であることを様々な角度から述べています。

【研究課題】

❶ モノは安ければ安いほど良いと思いますか。自分の意見をまとめてください。

❷ 消費者物価指数については、費目（品目）ごとに細かく見ることができますが、そこから、日本経済はどういった特徴を持っていると言えるでしょうか。また、国内企業物価指数を業種ごとに見た場合には、どういった特徴がわかるでしょうか。なお、消費者物価指数については総務省統計局のウェブサイト、国内企業物価指数に関しては日本銀行のウェブサイトから探してください。

※例えば、2017年3月の消費者物価指数（2015年基準）については、以下のURLを参照してください。

http://www.e-stat.go.jp/SG1/estat/List.do?lid=000001179304
国内企業物価指数については、『日本銀行時系列統計データ検索サイト』（http://www.stat-search.boj.or.jp）を参照し、「統計データ検索」の「物価」をクリック→「企業物価指数［PR01］」をクリック→「企業物価指数2015年基準」で「展開」をクリック→「国内企業物価指数」で「展開」をクリックし、分析対象となる産業（例「飲食料品」）を選択して「展開」をクリック→データ系列を選択し「抽出条件に追加」をクリックした上で、〈抽出対象期間〉を入力し（例2000年から2016年まで）、「抽出」をクリック→「ダウンロード」を押してデータをダウンロードしてください。

❸日本銀行の金融政策としての目標は、物価の安定であり、2013年1月に、「物価安定の目標」を消費者物価の前年比上昇率2%としています。しかしながら、本章で示した消費者物価指数の前年同月比のデータによれば、前年比上昇率は2%には達しておりません。これはどうしてだと考えますか。自分の意見をまとめてください。

第 **7** 章

食料は自給しなければ
ならないの?

食料自給率と日本農業

1. 和食は国産の食材でつくられている?

　みなさんは、日頃どんなものを食べているでしょうか。この1週間で食べたものを思い出してください。ラーメンやカレーばかり食べている人はいませんよね。米やパン、麺類をはじめ、から揚げや焼き魚、サラダ、納豆などいろんな料理を食べていると思います。

　世界の料理のなかで注目されているのは和食です。和食は日本国内にとどまらず、近年では海外でも広く知られるようになりました。この和食は新鮮な食材を使用し、栄養バランスに優れた料理であることや、季節性・年中行事との関係が深いことが評価され、2013年にはユネスコの世界無形文化遺産に登録されました。

　このように、日本の風土や文化と深く結びついた和食は世界的に有名になっていますが、その食材の出どころに注目すると意外なことがわかります。たとえば、日本でカツ丼を食べる場合、その食材である豚肉、ごはん、小麦粉、たまねぎ、卵などをすべてカロリー（kcal）に換算すれば合計818kcalです。

　しかし、それぞれの食材は国産100%ではありません。たとえば、豚肉の国産割合は7%、ごはんは99%、小麦粉は15%です。この国産割合を食材ごとのカロリーに反映させて全部足すと、カツ丼の国産カロリーは424kcalと計算できます。したがって、カツ丼の国産カロリーの割合は424kcal ÷ 818kcal × 100で52%になります。

　同様の方法で国産カロリーの割合を計算すると、みそ汁では40%であり、天ぷらの盛り合わせは22%しかありません。つ

まり、日本で食べる和食といっても国産食材の割合は高くなく、食材の多くを外国から買っている、すなわち輸入に頼っていることがわかります。

国産22%　輸入78%

カツ丼やみそ汁、天ぷらの例でみた国産食材の割合は、食料をどれだけ自国で供給（自給）できているかという意味で**食料自給率**といいます。この食料自給率を手がかりに食料や農業を経済面で考えることが本章のテーマです。

以下では、なぜ食料自給率に注目するのかを説明し、食料自給率の動きを追います。そのうえで、食料自給率に影響を与える消費（食べること）、生産（作ること）、輸入（外国から買うこと）を調べ、今後の食料・農業のあり方を考えます。

2.いろんな食料自給率とその動き

■ 食料自給率に注目するわけ

食料・農業を考えるうえで、そもそもなぜ食料自給率に注目する必要があるのでしょうか。その理由の1つは政策的に意味があるからです。私たちは豊かな食生活を送っていますが、もし何らかの原因で食料不足になったら社会が混乱します。なぜなら、人間は食べなければ生きていけないからです。そのため、食料や農業にかかわる重要な法律「食料・農業・農村基本法」は、食料を安定供給することは国の責任であるとしています。何か思いがけないことがあっても国内の農業生産と輸入、備蓄を組みあわせ、国は食料を安定供給しなければなりません。こうした取り組みは**食料安全保障**と呼ばれています。この

なかで国内の農業生産による自給が基本となるので、前述の法律にもとづき、「食料自給率の目標」が定められているのです。

食料自給率に注目するもう1つの理由は経済の問題とかかわるからです。食料自給率は下に示したように、分母に国内消費、分子に国内生産をおいて計算し、国内消費に占める国内生産の割合を示したものです。下の式でいえば実線で囲まれた部分です。

$$\frac{\boxed{国内生産} + 輸入}{国内消費} \longrightarrow 食料自給率………[計算式 A]$$

日本では、「国内消費」に比べて「国内生産」が不足しているため、その部分を「輸入」でカバーしています。このような状況になった原因を探るためには、[計算式 A]で明らかなように、食料自給率に影響を与える「国内消費」、「国内生産」、「輸入」の3つについて考えなければなりません。つまり、食料自給率を調べることは、食料の消費や生産、貿易（輸入）の問題を考えることにつながるのです。ここに経済的意味から食料自給率に注目する理由があります。

■ いろんな食料自給率と日本のランキング

こうした政策的・経済的に意味がある食料自給率を調べましょう。図表1は、1960年から2015年までの約50年間の食料自給率の動きをみたものです。あとで説明しますが、ここでは食料自給率のうち、穀物自給率とカロリーで計算した総合食料自給率をあげています。いずれの自給率もこの50年間で大

図表1 食料自給率の推移

農林水産省「食料需給表」より作成

きく低下していることがわかります。

食料自給率には、米や麦、野菜といった品目ごとに「重量」で算出する品目別の食料自給率があります。品目別でよく使われるのは、主食となる米・麦や家畜のえさを穀物という品目でまとめた「穀物自給率」です。この品目別の食料自給率に対して、食料全体をまとめて自給率を表す「総合食料自給率」があります。まとめるための基準としてふだん用いられているのは、すでに本章で紹介しているカロリーです。

こうした日本の食料自給率が世界のなかでどのような順位にあるのか、主要国との国際比較ができる2011年の統計でみましょう。日本の穀物自給率は28%であり、OECD（経済協力開発機構）に加盟する先進国34か国（当時）の中では29番目の順位となっています。また、カロリーで計算した総合食料自給率は、日本の39%に対して、農産物輸出国であるカナダやオー

ストラリア、フランス、アメリカは 100% を超える水準にあります。ドイツやイギリス、イタリア、スイスは 100% に達していませんが、50% を超えています。主要国のなかで日本の食料自給率は低い水準にあるといえるでしょう。

3. 食料自給率が低下した理由を考えよう

日本の食料自給率はこの 50 年間で大きく低下しており、その水準は主要国と比べると低いことがわかりました。それでは、なぜ日本の食料自給率が低下したのかを経済的に考えます。ここでは、108 頁でみた食料自給率の［計算式 A］に影響を与える「国内消費」、「国内生産」、「輸入」を順番に取り上げ、食料自給率が低下した理由を調べましょう。

▓ 国内消費──大きく変わった日本人の食生活

国内消費は消費者の数、すなわち人口の動きに影響を受けます。戦後から増加し始めた日本の人口は、1950 年代は 9000 万人、70 年代には 1 億人を突破し、その後も 2010 年の 1 億 2000 万人まで増えました。それに伴って消費量も拡大しています。

人口以外で国内消費へ影響を与えるものは、食料を購入するために必要な所得と食に対する嗜好（好み）です。1 人当たり所得は 1960 年代から 90 年代にかけて 5 〜 6 倍に増加しました。ただし、人が食べる量には限りがあるので、所得が増加した倍数と同じように食べる量を増やすことはできません。所得が上昇した部分は、同じカロリーをとるのであれば、より価格が高い（1kcal 当たりの価格が高い）品目の購入にあてられたのです。

その結果、カロリー単価が高い肉や乳製品、油脂類（植物油や動物油）の消費量が増える一方、カロリー単価が低い米の消費量は減少しました。これは所得が上がったことで嗜好が変わり、食生活が洋風化したことを示しています。このように、国内消費は人口増加で量が増え、所得上昇や嗜好の変化で質も変わってきたのです。

■ 国内生産——生産性は向上したけど、高齢化する日本農業

　それでは、一方の国内生産はどのような動きをしたのでしょうか。国内生産に影響を及ぼすものとして、生産者（農家）の数があげられます。総農家数は 1960 年の 605 万戸から、ほぼ 10 年刻みに 50 ～ 80 万戸が減少し、2015 年には 216 万戸まで減少しました。

　農家数の減少は一般的に生産量の縮小につながると考えられますが、実際はそうなりませんでした。農業の技術進歩があり、少ない人数で多くの生産ができるようになった（生産性が高まった）からです。機械化や肥料・農薬の開発、品種改良で農業の生産性は 1960 年代以降に大きく上昇しました。その結果、農業生産は 1960 年を 100 とすれば、1980 年代中頃には 140 の水準に達したのです。

　ただし、こうした国内生産の動きでは注意すべき点があります。1 つは、生産量は増えましたが、量が増えた品目にかたよりがあったことです。国内生産の内容をみると、野菜や果実、畜産の生産が大きく伸びていますが、油脂類の原料となる大豆や菜たねなどの生産は落ち込みました。また、畜産の生産量は増えましたが、家畜のえさとなるトウモロコシの生産は拡大し

第 7 章　食料は自給しなければならないの？

ていません。日本では米が優先的に生産されたため、大豆や菜たね、トウモロコシなどの生産は伸びなかったのです。もう1つは、1980年代中頃をピークとして、それ以降は国内生産が縮小していることです。農業の担い手をみれば、農家数の減少に加えて高齢化が進みました。農業の後継者問題が深刻になり、担い手不足が国内生産の縮小につながったのです。この背景には、次に述べる輸入農産物の増加がかかわっています。

■ 輸入──自由化がすすみ、急増する輸入農産物

　日本は1955年に、世界全体での貿易自由化を目指すGATT（関税および貿易に関する一般協定）に加盟してから、農産物の貿易自由化を進めてきました。その自由化は1980年代後半から、さらに加速するようになります。その理由として、第1に農産物を本格的に議論する貿易交渉（GATTウルグアイラウンド）が1986年から始まったからです。この交渉では、自由貿易を進めるために輸入品にかかる税金（関税）を引き下げることが議論され、日本では牛肉やオレンジなどが自由化されました。

　第2に急激な円高が進んだことがあります。この時代には為替レートは1ドル240円台（1985年）から1ドル120円台（1988年）へと急激に円が上がりました。これは、1ドルの商品（たとえばチーズバーガー）を1つ買うのに240円必要だったのに、120円で買えるようになったことを意味します。いいかえれば、以前と同じように240円を出せば、1ドルのチーズバーガーを2つ購入可能となります。ということは、円高になるとアメリカからたくさん商品を買うことができる、つまり輸入が増えるのです。

こうした農産物の自由貿易や円高によって1980年代後半から輸入農産物が急増するようになりました。輸入農産物は安かったので売れますが、それより価格が高い国産の農産物は売れなくなります。そこで、国産の農産物も価格を引き下げて競争するようになりました。この頃から国内生産が縮小しはじめたのは、農産物の価格が下がってもうけが出なくなり、農業をやる人が減ったからです。農業後継者は少なくなり、残された農業労働力は高齢化しました。

■ 何が食料自給率を引き下げたの？

　以上、食料自給率に影響を与える「国内消費」、「国内生産」、「輸入」について考察しました。そこでもう一度、図表1の食料自給率の推移をみてください。まず、1960年から1980年代までのカロリーで計算した食料自給率の動向に注目すると、この間、自給率は1960年の79%から1980年の53%へと大きく低下しました。前述したように、国内消費は量・質とも拡大して食生活の洋風化が進み、油脂類や畜産物の消費が拡大しました。他方、国内生産では生産性が向上して生産量は増大したのですが、油脂類の原料や家畜のえさの生産は伸びませんでした。つまり、国内消費の変化が大変激しく、それに国内生産が追いつかなかったのです。この時代の食料自給率の低下要因は、［計算式A］の分母にあたる国内消費の拡大にありました。

　次に、同じく図表1をみると、1980年代後半からの食料自給率は、それ以前に比べて緩やかな低下をたどります。この時代は本格的な農産物の貿易自由化の始まりでした。安い輸入農産

第7章　食料は自給しなければならないの？　　113

図表2　日本の総合食料自給率（カロリーベース）の変化

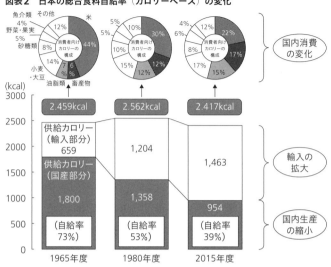

農林水産省「食料需給表」より作成

　物が日本国内の市場に出回るようになると、国産の農産物も価格競争で価格を下げるため、生産者はもうけが少なくなります。そのため、農業をやめたり、高齢化したりして農業生産が縮小したのです。一方の食料消費に大きな変化はないので、1980年代後半から食料自給率が低下した原因は、[計算式A]の分子である国内生産にあったのです。

　以上、この50年間をみると、前半は国内消費の拡大、後半は国内生産の縮小が原因となって食料自給率が低下しました。その背景には貿易自由化によって増大した輸入農産物があり、日本の食料の6割は輸入に依存する状況となったのです。以上のことは図表2にまとめていますので、自分で確かめてみてください。

■ コラム（日本人と五円玉）

お正月に神社仏閣へ初詣に行く人は多いと思います。その際、欠かせないのがお賽銭。このお賽銭として重宝されるのが五円玉です。「五円」は「ご縁」という語呂合わせから、五円玉1枚が「ご縁がありますように」、2枚が「重ね重ねのご縁」、3枚が「十分なご縁」（15円から）などを表すようです。

でも、五円玉をよく調べると、語呂合わせだけではない意味が浮かんできます。たとえば、五円玉表面に描かれている「稲穂」についてです。現在、お賽銭にはお金が使われますが、昔はお米が奉納されていたのです。その点で、五円玉のお賽銭はお米の奉納に通じるところがあります。

また、五円玉の表面には「稲穂」にくわえて、「歯車」（穴が開いた部分）と「水」があります。それぞれは農業と工業、水産業を象徴しており、今の五円玉のデザインとなった昭和24年（1949年）当時における日本の主力産業を表したものです。これら産業を土台に、戦後の日本を再興していこうとする姿勢がみてとれます。

ところで、このコラムで「5円玉」ではなく、「五円玉」と書いていますが、その理由は分かりますか。実は日本の貨幣・紙幣で額面が漢数字のみで表記されているのは五円玉しかないからです。ちなみに、漢字の本場である中国でさえ、人民元の額面は漢数字と算用数字の両方が使われています。この漢数字の額面、お米の奉納、産業振興という点で五円玉は日本人の心持ちを強く表した貨幣といえるのではないでしょうか。ただし、日本を訪れる海外の人々にとっては五円玉の漢数字表記はちょっぴり難しいようです。

4. 食料自給率は上げた方がよいの？

豊かな時代に生きる私たちは、食料がどこで作られたかを日頃意識することはありません。しかし、食料は私たちの生命を左右する必需品ですから、ひとたび不足するようになると社会不安が起きます。そこで、国は国内の農業生産（自給）や輸

入、備蓄を組み合わせて食料の安定供給に努めているのです。安定供給の基本は自給なので、食料自給率の目標が定められています。2015年の食料自給率（カロリーベース）が39%に対して、2025年の目標値が45%なので、今後は政策的に食料自給率を高めなければなりません。

　また、食料自給率は経済的理由からも高める必要があります。それは、第1に国内の農業が地域経済や関連産業を支えているからです。北海道や沖縄では農業が基幹産業なので、農業が縮小すれば地域経済に影響を及ぼします。また、全国的にみると、国産の農産物を扱う加工・流通・資材産業などは農業の経済規模よりも大きく、これらの産業に従事する人々も少なくないのです。

　第2に農業には農産物を生産するだけでなく、そのほかにもいろんな機能があるからです。たとえば、水田には大雨時に水を貯めて洪水を防いだり、高温時の気温上昇を抑えたりする機能があり、これらは**農業の多面的機能**と呼ばれます。この機能は国内生産から切り離せないので、機能の発揮には国内生産を維持する必要があります。

　第3に、農産物の国際市場を安定化させるためです。農産物は必需品で国内自給を基本としますから、国際市場に出回る量は各国の自給を超える部分です。したがって、鉱工業製品に比べて農産物では国際市場に出回る割合が低いのです。そのため、輸入量の多い国がその量を増大させると、品薄になって国際価格が上昇します。こうした立場を日本がとれば、価格上昇で農産物を買うことが困難になる国（自給率が低い貧しい国）が出てくる可能性があるのです。国際市場に過度に影響を与えな

いように食料をある程度自給することは、先進国としての日本の責任ではないでしょうか。

5. 食料自給率の向上に必要なこと

　日本は政策的にはもちろんのこと、経済的理由からも食料自給率の向上に取り組む必要があることがわかりました。それでは、そのためには何をすべきでしょうか。

　食料自給率は108頁の［計算式A］にあるように、分母の国内消費と分子の国内生産で計算されるので、自給率を高めるためには、①分母の国内消費を分子の国内生産に近づけるか、②分子の国内生産を分母の国内消費に近づけるかということになります。

　①については国内消費のかたちを、現状の国内生産に合わせて変えることです。具体的には比較的自給率が高い米や野菜、水産物などを用いた消費を行うことになります。たとえば、米を主食として、魚を主菜、野菜・海藻・いも類などを副菜にした**日本型食生活**は自給率が高いだけでなく、栄養バランスも優れています。また、地元食材を消費する**地産地消**も自給率が上がる取り組みです。ただし、どのような食生活を送るのかは個人の問題であり、強制されるものではありません。したがって、食料自給率の向上につながる国内消費を実現するには、強制ではないかたちでの働きかけが必要となります。その点では、健全な食生活を送るために食に関する知識や選択力を身につける**食育**は重要な取り組みだといえます。

　他方、上記②の国内生産を国内消費に近づける方法では、消

第7章　食料は自給しなければならないの？　　117

費量は多いけれども自給率が低い品目の生産振興が重要です。たとえば、大豆や麦類、家畜のえさの生産を拡大していくことです。これらの作物は米のかわりに作付が推奨されており、国から交付金が支給されています。また、自給率が高い米を米粉に加工して小麦粉の代用にしたり、飼料用として家畜のえさに利用したりする取り組みも進んでいます。米の作付けの転換や米自体の利用の幅を広げることが国内生産を国内消費に近づける取り組みの鍵となっています。

　以上のように、食料自給率の向上には国内消費のあり方や国内生産の方法を変えていくことが必要です。そのためには、食生活や農業生産をどのようにしていくべきか、また食料・農業の政策を担う政府の役割や農産物貿易の仕組みは何かなど、私たちは幅広く学ばなければなりません。つまり、食料・農業にかかわる消費者・生産者・政府について考えることが求められるのです。これは人間や社会、市場のあり方を分析する経済学の方法に他なりません。みなさん、食料・農業を通じて経済学の世界に足を踏み入れてみませんか。

【ブックガイド】

・生源寺眞一『日本農業の真実』（ちくま新書、2011 年）

　日本のこれまでの農業政策や食料自給率の動きを整理し、日本農業の課題と将来像を示しています。

・本間正義『農業問題―TPP 後、農政はこう変わる』（ちくま新書、2014 年）

　日本農業の問題点を明らかにし、どのような農業のかたちが望ましいのかを構造改革の視点から述べています。

【研究課題】

❶ 日本の食料自給率は政策的にみても、経済的にみても高める必要があるとしました。その理由と今後の対策についてまとめてください。そのうえで、和食の推進には何が必要かを考えましょう。

❷ 本章の冒頭に示したカツ丼やみそ汁などの自給率は農林水産省が無償で提供しているパソコンソフト「クッキング自給率」を使って計算したものです。同じソフトを用いてどのような料理の自給率が高く、また低いのかを調べて、その原因を考えましょう。

❸ 高齢化が進む日本農業に対して、競争力を強化した方がよいという意見と一定の保護が必要だという意見があります。どちらを支持しますか。その理由も合わせて考えてください。

第 **8** 章

そのスマホ、
メイドイン何?

自由貿易の利益

1. 身の回りのモノはどこから来ているの?

　学校帰りや休日に友だちや家族と買い物に行く、これはみなさんが高校生である今も、私が高校生であった頃も変わらない日常の光景です。しかしお店で目にする商品はおそらく同じではありません。もちろんずっと販売されている商品もありますが、それでもデザインが変わっていたり、新しい技術の開発により質や機能が向上していたりする商品がほとんどのはずです。たとえば衣料品店で売られているシャツ。シャツは今も昔もシャツには違いありませんが、そのデザインは流行によって左右されます。また新しい繊維の開発により速乾性や保温性といった機能が大きく向上しているものもあります。そしてもう1点異なっているのはシャツがどこで作られているかです。

　もしみなさんが今自宅にいるならば、タンスやクローゼットからTシャツかYシャツを1枚取り出して、そのシャツに付いているタグを見てください。そこには「〇〇製」あるいは「Made in 〇〇」と書かれているはずです。たとえば私の持っているユニクロのシャツだけを見比べても、購入した時期によって生産地に違いがあり、中国製、インド製、ベトナム製、バングラデシュ製、インドネシア製がありました。なぜ日本製ではなく、これらの国で生産されたシャツが多いのでしょうか? またどうして時々で生産国が異なるのでしょうか?

次に家電量販店に出かけてみましょう。電気製品の場合、シャツに比べると遥かに多く「Made in China」と書かれていることに気が付くと思います。しかし、なかには「Assembled in ○○」と書かれたものがありませんか？　たとえば私の所有するコンピュータには「Assembled in Japan」とシールに書かれています。これは「日本で組み立てられた」という意味ですが、「Made in Japan」とはなにが違うのでしょうか？　また私の所有するアップル社のタブレットの裏にも「Assembled in China」と書かれていますが、その前に「Designed by Apple in California」とも書かれています。これは「カリフォルニアでデザインされた」という意味ですが、どうしてこのような表記が必要になるのでしょうか？

　そしてもし家族と車で買い物に出かけているのであれば、最後に駐車場の車を見渡してください。統計をもとに予想すると、そのうちの10台に1台くらいはいわゆる「外車（＝外国メーカーの車）」であるはずです。実際にフォルクスワーゲンやBMWなどのドイツ車を探すのは簡単だと思います。2016年現在それらの車は日本では生産されていませんので、すべて外国で生産されて日本に入ってきた車ということになります。日本には世界規模の自動車メーカーがあるにも関わらず、どうして外国メーカーの車が入ってくるのでしょうか？

　このように私たちが購入・消費する商品の中には、外国で生産されて日本に入ってきたものがたくさんあります。逆に外国に行くと、日本で生産されてその国に入ってきたものを目にする機会もあるでしょう。

第8章　そのスマホ、メイドイン何？

2.そもそも貿易ってなんだろう?

「ある国やそれに準ずる地域と、別の国やそれに準ずる地域との間で行なわれる商品の売買」のことを**貿易**と呼びます。「国際」をつけて**国際貿易**と呼ぶこともありますが、貿易で十分です。ということで、この章でお話している内容は貿易についてということになります。

貿易は国際間の、つまり国境を越えた商品の売買ですから、「ある国の人や企業が、別の国で生産された商品を買う(**輸入**すること」または「ある国で生産された商品が、別の国の人や企業に売られる(**輸出**される)こと」によって生じると言えます。ちなみに、ここで「ある国の人や企業が、別の国の人や企業から商品を買うこと」や「ある国の人や企業が、別の国の人や企業に商品を売ること」と書かないのはなぜでしょうか?理由は先ほどの車の話と関連するのですが、それはこの章を読み終えたあと、みなさんで考えてみてください。

ある国の人や企業が、自分が住んでいる、立地している国(自国と呼びます)ではなく、別の国(外国と呼びます)で生産された商品を買いたいと思うのは、自国のものを購入するよりも外国のものを購入した方がメリットがあるからです。それを考えるためにはまず貿易の種類を知っておく必要があります。

3.貿易にはどんな種類があるの?

冒頭で述べたシャツ、電気製品、そして車の例はすべて貿易にあたりますが、実はそれぞれ異なるタイプの貿易を説明する

ための例として取り上げました。以下では貿易の種類を説明しながら、それぞれの貿易にどんなメリットがあるのかを考えてみましょう。

■ どうしてシャツは外国製が多いの？

　まずシャツの話ですが、これは各国が自国の得意な産業の商品を輸出し、不得意な産業の商品を輸入する貿易と関係があります。辞書では産業とは、商品を生産・提供する活動に関する「業態の似かよった各活動分野の単位」となっていますが、お互いに得意な経済活動の分類に属する商品を輸出しあう、そのような貿易を**産業間貿易**と呼びます。

　日本は中国や東南アジア諸国から多くの衣料品を輸入していますが、同じような衣料品を日本からそれらの国に輸出することはありません。消費者にとって同じような商品であれば、2つの国が互いにそれらを輸出しあう状況は起きないのです。たとえばX産業の商品が日本では150円、外国では100円で生産できるとします（もちろん外国のお金は円ではありませんが、ここでは分かりやすくするため円とします）。この場合、外国の商品の方が安く（150円＞100円）、日本の消費者は外国で生産された商品を買いたいと思うので貿易（輸入）が生じます。通常は商品を運ぶためには輸送費が掛かりますが、輸送費がそれほど高くない限り（ここでは「150円＞100円＋輸送費」であれば）、実際に日本の消費者は外国の商品を買います。一方、外国の消費者にとっては日本から輸入した方が必ず価格が高くなる（150円＋輸送費＞100円）ので輸入はしません。

　同じようなと述べたのは、高級衣料品や特殊な用途に使用さ

第8章　そのスマホ、メイドイン何？　　125

れるものなどが日本からそれらの国へ輸出される可能性はある
からです。たとえば日本が非常に多くの農産品を輸入している
ということはみなさんも知っていると思いますが、そんな日本
も高級なブランド米やイチゴやメロンなどの高級果物を輸出し
ています。

　先ほど述べたケースでは日本はX産業の商品を外国から輸
入していますが、それは外国の方が日本よりも安く生産するこ
とが可能だからです。国家間で生産の費用が異なる理由として
は気候や地形のような自然によるもの、土地や労働力や生産設
備（これらを**生産要素**と呼びます）、そして技術水準などいろいろ
と考えられます。しかし重要なことはこれらに関する国家間の
違いです。

　このような違いはX産業においては外国に有利に働きます
が、同時に他の産業においては日本に有利に働いてます。つま
りたとえばY産業の商品は、外国が日本から輸入することに
なるのです。したがって、各国が得意な産業の商品を輸出し、
不得意な産業の商品を輸入する産業間貿易が生じるのです。

　違いがあるからこそ産業間貿易は存在し、相互に利益を得る
ことが可能になりますが、この違いは不変ではありません。し
たがって、どの国がどの産業の商品の生産が得意であるかも違
いと同様に不変ではなく、昔は得意だった産業が今は不得意で
あったり、逆に昔は不得意だった産業が今は得意であったりし
ます。私の持っているユニクロのYシャツの生産国が少しず
つ違ってきている理由の一端はこのあたりにあります。

■ 日本の輸出産業って？

　ところで日本において産業間貿易が盛んな商品は何でしょうか。産業間貿易の考え方では同じ商品を輸出入しあうことはないので、輸出額と輸入額との差が大きい産業は産業間貿易の傾向が強く出ている産業といえます。そして、そのような産業の中で、輸出額が輸入額より大きければ輸出産業、逆に輸入額の方が輸出額より大きければ輸入産業といえます。

　図表1は2015年の日本の主な商品分類別貿易額を示したものです。左側の3つの分類、鉱物性燃料（例：石炭や石油）、食料品、原料品（例：生ゴムや木材）は輸入額が輸出額よりとても多く、日本にとって不得意な輸入産業であるといえます。逆に右端の輸送用機器（例：自動車や航空機類）は輸出額が輸入額よりとても多く、日本にとって得意な輸出産業であるといえます。また輸送用機器と比べると目立ちませんが、その左隣の一般機械（例：原動機や農業用機械）も同じような傾向を持っているので得意な産業と呼べるでしょう。

■ 産業の中の貿易ってどういうこと？

　それでは逆に輸出額と輸入額との差が小さい、真ん中の2つの分類、化学製品（例：医薬品や肥料）と電気機器（例：映像機器や半導体等電子部品）では何が起こっているのでしょうか。このような産業では、ある国がその産業の商品を他国へ輸出していながら、同じくらい他国から輸入もしていることになります。つまり同じ産業に分類される商品を互いに輸出入しあうという取引が生じています。このような貿易を**産業内貿易**と呼びます。先ほど産業間貿易のところで、車などの輸送用機器は日

第8章　そのスマホ、メイドイン何？　　127

図表1　日本の主な商品分類別貿易額（2015年、単位：兆円）

商品分類	貿易額
鉱物性燃料（輸出）	
鉱物性燃料（輸入）	
食料品（輸出）	
食料品（輸入）	
原料品（輸出）	
原料品（輸入）	
化学製品（輸出）	
化学製品（輸入）	
電気機器（輸出）	
電気機器（輸入）	
一般機械（輸出）	
一般機械（輸入）	
輸送用機器（輸出）	
輸送用機器（輸入）	

財務省貿易統計より筆者作成

本の輸出産業だと述べましたが、図表1からも明らかなように日本は大量の輸送用機器を輸出している一方で、ある程度の輸入もしています。したがって、程度の差はあれ輸出産業においても産業内貿易は存在しています。ではなぜこのような貿易が生じるのでしょうか？　実は産業内貿易には2つの種類があり、それぞれ異なる理由から生じています。

■ なぜ車を輸出入しあうの？

　再び車を例にして考えてみましょう。乗用車はサイズや価格帯、そして用途によって分類されます。そして、各自動車メーカーはおおむね各分類に対して商品を提供し、お互いに競争をしています。しかしここでは分かりやすくするために乗用車に1つの分類しかないとします。もしすべてのメーカーの車が消

費者に同一の商品と認識されれば、極端に考えるともっとも安く売ることができる（安い費用で生産できる）企業の車だけが市場に残っているはずです。現実がそうなっていないのは、自社と他社の売るものが同一の商品と思われないようにする各メーカーの工夫があるからです。そのような企業の行動を**製品差別化**といいます。また各メーカーが販売するものを**バラエティ**（variety）と呼びます。たとえば、競争相手の既存の商品と機能的には全く同じでも、デザインを変えることによって異なるバラエティとなるのです。

　一方で消費者には車（商品）について、デザインや走り心地などに好みが存在し、理想的とするバラエティがあります。消費者は価格に差がなければ購入できるバラエティの中からもっとも理想に近いバラエティを購入しますし、また、少々高くても理想的なバラエティを購入することもあります。もし差別化をしなければ各企業は競争相手と厳しい競争をしなければなりません。しかし、差別化をすることで自らのバラエティを好む消費者に対して、ある程度の高い価格を維持することが可能です。このような競争は**独占的競争**と呼ばれます。

　なぜ日本の自動車産業は輸出産業なのに、外国からも自動車を輸入するのか、という問いに戻りましょう。これは外国のメーカーが売るバラエティを考えれば簡単です。外国のメーカーによって提供されている車を購入する人は一定数おり、そのような人は大抵の場合は少々価格が高くてもその車を選んでいます。つまり、そのような人たちにとっては、国内メーカーが提供するバラエティよりもそれらのバラエティの方がより理想に近いというわけです。消費者に理想的なバラエティが存在

第8章　そのスマホ、メイドイン何？

する以上は、どんなに日本車が競争力を持っていたとしても、外国のメーカーが提供するバラエティを強く好む消費者がいる限り輸入は生じます。これが産業内貿易の生じる1つの理由です。このような産業内貿易、つまりデザインなどは異なるが機能としてはほとんど同じものを双方向に売買する取引を特に**水平的産業内貿易**と呼びます。貿易によってより理想に近いバラエティを入手できるようになる人がいることが水平的産業内貿易の利益といえます。

■ 電気製品はどこで生産されているの？

もう1つの産業内貿易は電気製品の例に関連しています。電気製品のところで「Assembled in Japan」や「Assembled in China」というキーワードを挙げましたが、あえてこのように書くには理由があります。そのような製品は通常多くの部品から構成されていますが、各部品はそれぞれ固有の性質を持っています。したがって、生産に最適な場所は部品間で必ずしも同じではなく、複数の国々で部品が生産される可能性があります。そのように生産された場合、各部品は生産された国から組み立てを行う国へと輸出され、そこで組み立てられて製品となり、さらに消費国へと輸出されます。

このような生産方式は**フラグメンテーション**と呼ばれます。このフラグメンテーションによって、ある国が同一産業の中で部品を輸出し最終製品を輸入する（あるいはその逆を行う）状況が生まれるのです。このような同じ産業に属する部品と完成品を相互に取引しあう貿易は**垂直的産業内貿易**と呼ばれます。たとえば図表1の説明で映像機器を電気機器の例としてあげま

図表2　3つの貿易のまとめ

・産業間貿易

・水平的産業内貿易

・垂直的産業内貿易

したが、この電気機器の中には音響・映像機器の部分品という項目が含まれています。したがって、日本で液晶パネルなどのモジュール（映像機器の部分品）を生産・輸出し、外国で液晶ディスプレイ（映像機器）を組み立て・輸出しあえば確かに産業内貿易となります。このフラグメンテーション、垂直的産業内貿易のメリットは、各部品を生産するのに最適な立地を企業が選択できることによる生産費用の低下です。そして、それによって消費者もより安い価格の商品を買うことができます。

　フラグメンテーションは各部品を異なる国で生産、組み立てるので、国境を越えて生産を管理するための費用が掛かります。そのような費用を**サービスリンク・コスト**と呼びます。情報通信技術の発展などによるサービスリンク・コストの低下は、フラグメンテーションや垂直的産業内貿易を飛躍的に増加させました。またフラグメンテーションは目に見える部品だけでなく、目に見えない工程も含みます。さきほどの「Designed by Apple in California」は、フラグメンテーションの中で、デザインの工程がカリフォルニアで行われていることを示しています。ということで「Made in」ではなく、「Assembled in」と

表記されるのは、フラグメンテーションが進んでいる場合は、組み立てを行った国がその製品を生産した国とは言い切れないからです。もちろん「Assembled in Japan」や「Designed by Apple in California」で消費者に対して質をアピールしているという面もあるでしょう。図表 2 は 3 つの貿易のイメージをそれぞれ描いています。

4. なぜ貿易を制限するといけないのか?

　ここで違った角度から質問です。そもそもなぜ国内の取引と貿易とを区別する必要があるのでしょうか?　それは国境を越える取引である貿易は、国境を管理する政府の方針によって大きく影響されるからです。

　たとえば各国の政府は輸入される商品に税金をかけることができます。このような税金を（**輸入**）**関税**と呼びますが、この関税によって貿易量は減少します。たとえば税関のウェブサイトによると 2016 年 4 月 1 日時点で、T シャツに対しては 7.4 〜 10.9％の関税が課されています。これは輸入したい T シャツの価格が日本円に換算して 1000 円であるならば、その商品を日本へ輸入する際には 74 〜 109 円の税金を支払う必要があるということです。しかし、このような関税で貿易を制限することには以下で述べるように大きな問題があります。

　貿易について学び始めるからには、必ず知っておいて欲しいことが 2 つあります。分かりやすくするために、ここでは産業間貿易を念頭において説明をしていきます。

　1 つ目は貿易が経済全体に与える効果です。今この瞬間各国

の技術水準は一定で、各国が生産に使える労働力や生産設備にも限りがありますから、各国が生産できるものは有限です。貿易は、ある国が不得意なものを輸入し、得意なものを輸出することを可能にします。このある国が輸出しているものは、別の国にとっては不得意なものですから、結果的に貿易はどちらの国も不得意なものを生産せず、得意なものを生産することを可能にします。つまり貿易は世界全体の限られた生産要素ででき

▌コラム（キャラクターたちがもたらす貿易）

　日本を訪れる外国人観光客が急増していることを知っていますか？ この状況は、日本の通貨（円）が比較的安くなり日本のものが割安になったこと、LCC（格安航空会社）の数とLCCが提供する便数が増加していること、政府が海外で積極的に観光客誘致のための活動をしていることなど、複数の要因がもたらしたものであると考えられます。しかし、日本のアニメやその中のキャラクターが数十年にわたり海外の子供たちに影響を与え続けてきたことと無関係ではないはずです。私もデンマーク滞在中に各所で見聞きしたことから、某サッカー漫画（アニメ）をはじめ、その影響力の強さは実感しています。

　ところで、この訪日観光客の増加は日本の輸出の増加につながっているといったらみなさんは驚きますか？　中国からの観光客が家電製品や日用品を大量に購入する様子を思い出したみなさんはセンスが良いと思いますが、ここでお話したいのは「爆買い」のことではありません。訪日観光自体がそもそも日本の輸出につながるのです。訪日観光客が日本のレストランで食事をし、レジャー施設を利用し、旅館やホテルに宿泊する、これも日本の輸出です。中央大学の多摩キャンパスの近くには日本が誇る世界的に有名なキャラクターが活躍するレジャー施設があり、海外からのお客さんも多く見受けられます。彼らを見かけると、優秀なキャラクターたちがもたらしたらしてくれている貿易を私は思い出します。なお、このような目に見えない商品（サービスといいます）の貿易も現在の国際経済では重要なトピックです。

るだけ多くのものを生産するという**効率性**を実現する手段なのです。ですから貿易を制限することは、この世界全体での効率性の追求を妨げてしまう大きな問題なのです。

　2つ目は、貿易をより自由に行うことだけでは、すべての人々の生活は豊かにならないということです。たとえばある商品の貿易をより自由に行うことになったとします。その商品の輸出が増える国ではなにが起きるでしょうか？　海外でその商品を欲しがる人が増えたため、その商品の生産者はより高い価格で商品を売れるようになるので利益を得ます。しかし消費者はその高くなった価格でしか商品を買えなくなるので損をします。逆にその商品の輸入が増える国では、消費者はより安い価格で商品を買えるようになるので利益を得ますが、その商品の生産者はそのより安くなった価格でしか商品を売れなくなるので損をします。政府が貿易（特に輸入）を制限する1つの大きな理由がこれです。しかし、そのような政策は1つ目で述べたように世界全体の効率性を損ねます。

5.なぜ不公正な貿易が
　　経済にとって望ましくないのか？

　自由な貿易はその時代がもっている技術と有限な生産要素を用いて生産できるものを増やす、つまり効率性の改善をもたらしますが、各国は時に自国だけの利益を追求し、他国の利益を低下させる（負担を増加させる）政策をとり得ます。そのような政策は**近隣窮乏化政策**と呼ばれます。この政策は他国との間に報復の連鎖を生み、世界貿易が縮小し自国も他国も結局は損を

してしまいます。このような状況にならないように世界貿易を見守っているのが**世界貿易機関（WTO）**で、2016年7月時点で日本を含む164か国・地域が加盟しています。WTOの貿易体制下では、各加盟国は様々なルールに基づいて貿易を行わなければなりません。またWTOのルールを守らない貿易は**不公正な貿易**と呼ばれます。ここではWTOのルールについて少しだけお話し、なぜ不公正な貿易が望ましくないのかにも触れておきます。

　関税を用いて貿易を制限することの問題については既に述べましたが、実はWTOは関税を課すこと自体は禁止していません。WTOが禁止しているのは、ある国が他の国々に異なる関税率を課すことです。このルールは**最恵国待遇の原則**といい、WTOの貿易ルールの中でももっとも基本的なものです（ただし例外はあります）。たとえば日本、外国A、外国Bの3か国を考え、ある商品を生産するための費用が

　日本＞外国A＞外国B

の順で高いとします。このとき日本が外国Aと外国Bとに同じ関税率を課していれば、もし輸入をするのであれば必ず一番費用の低い外国Bから輸入することになります。つまり、もっとも効率的な国から輸入することになるのです。もしこのルールを破って日本が外国Aからの輸入品に外国Bからの輸入品よりも低い関税を課してしまうと、場合によっては生産費用の低い外国Bではなく、生産費用の高い外国Aがより多くの商品を生産し、日本へ輸出することになってしまいます。つまり最恵国待遇の原則を破ることは、外国同士の競争を歪めてしまうかもしれないのです。ちなみに日本が何らかの国内事情

第8章　そのスマホ、メイドイン何？　　135

を理由として高い関税率を課すのであれば、もちろん輸入は行われず日本国内で生産された商品を消費することになります。

　政府は輸出に影響を与えることも原理的には可能です。直接的には輸出に対して補助金を出す**輸出補助金**、間接的には別の何らかの費用を少なくするような補助金や税の軽減によって輸出を促進できます。しかしこのような輸出促進を目指した補助金政策も WTO ルールでは禁止されています。それは輸入国が費用の低い国から輸入するのではなく、政府が出している補助金によってあたかも費用が低く見えている国（本当は費用が高い国）から輸入することを防ぐためです。これも効率性を歪めず貿易を行うという考え方に基づいています。

【ブックガイド】

　貿易の分野で私がみなさんにお勧めでき、かつみなさんが簡単に入手できる一般書は残念ながら現在思いつきません。この章に興味を持ったみなさんは、まず【研究課題】にじっくりと取り組んでください。そして次に『通商白書』（経済産業省から毎年公刊）を読んで貿易の現状を知ってください。そのあとは国際経済学の入門テキストです。この本に限りませんが、1 冊だけ挙げておきます。楽しんでください。

・石川城太・椋寛・菊地徹『国際経済学をつかむ ［第 2 版］』（有斐閣、2013 年）

【研究課題】

❶ 第二次世界大戦後の日本の輸入品と輸出品の変遷を調べてみよう。なぜそのような変遷をたどってきたのか考えてみよう。

❷ 最新の財務省関税局の実行関税率表（http://www.customs. go.jp/tariff/）を利用して、いろいろな品目における関税率を調べてみよう。どのような産業の関税率が高いのか、なぜ関税率が高いのか考えてみよう。

❸ 国全体では利益がある貿易も、個々の人々が受ける影響は貿易への関わり方によって異なります。①なぜ消費者ではなく生産者を保護するような政策が多く実施されているのか考えてみよう。②異なるグループ間の利害を調整するためには、どのような取り組みが必要か、またどのような取り組みが実際に行われているのか調べてみよう。

筆者のひとりごと

　経済学部で授業を担当していると、「経済学は嫌い！」という学生に出会うことは残念ながら少なくありません。そんな経済学部生をできる限り減らしたいと思って、個々の教員も、そして学部としても日々努力をしていますが、それでもまだ改善の余地はあります。

　それはこれから進学先を検討する高校生のみなさんに、より積極的な理由で経済学部を選んでもらえるようにすることです。「経済学部でも○○学部でも同じかな」と高校生に思われがちなことは知っていますし、私自身もかつて実際にそのような気持ちで行動したこともありました。また経済には「法律と司法試験」のような直結する国家資格がないので、学ぶとどうなれるのかというイメージもおそらくは浮かばないと思います。

　そこでみなさんには経済学を学ぶことのメリットを1つ教えます。「多

第8章　そのスマホ、メイドイン何？　　137

くの人が信じている嘘に、簡単には騙されなくなること！」です。残念な
がら国際貿易は何かと悪役にされることも多く、いまだに多くの誤解が存
在しています。私も1人の研究教育者としてもっともっと努力しなければ
なりません。

第 **9** 章

爆買いから見える
日系企業の成功とは?

日中経済のかかわり

1.なぜ中国人観光客が急増しているの?

■ 街は中国人だらけ!

　観光庁の観光統計によると、中国からの観光客は 2014 年から急激に伸びています。2019 年に日本を訪れた外国人数は 3188 万人超でしたが、中国が全体の 29.7 % を占める約 959 万人になっており、訪日中国人観光客数はダントツで一番なのです。では、なぜ大勢の中国人観光客が日本を訪れるようになったのでしょうか? その理由を一つひとつ紐解いていきましょう。

■ 中国人の訪日理由は?

　中央大学経済学部唐成研究室 2016 年度 3 年次ゼミは、中国人観光客の特徴をつかむことと、「市場としての中国」の視点から、日系企業の中国市場への新規参入のあり方を探ることを目的に、東京を訪れている中国人観光客に実態調査のアンケートを行いました(2016 年 6 〜 10 月実施、523 人の回答を収集)。その結果、図表 1 で示しているように、中国人の訪日理由は大きく 3 つあることがわかりました。1 つ目は、日本が中国から地理的に近いことや日本の自然や歴史・文化に興味を持ったことで訪れる観光目的(44.3 %)です。2 つ目は、買い物目的(27.8 %)です。3 つ目は、和食や日本のお菓子など食べ物(18.4 %)に興味を持っていることです。さらに、中国人観光客の観光ビザを緩和し、日本へ来やすくなったことや、外国人への消費税の免税範囲を拡大したことも、中国人観光客が増加した追い風になっているようです。

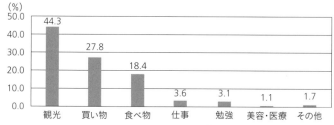

図表1　中国人観光客の訪日目的

唐成ゼミ「訪日中国人観光客アンケート2016」より

■ 中国人は太っ腹？

　中国人観光客は訪日外国人の中で人数が1位になっただけではありません。観光庁によると、2016年訪日外国人数トップ5の中で、1人当たりの日本での旅行費用総額は、中国人観光客の23万7605円が一番高くなっています。2位の米国は17万1104円であり、その差5万円以上も多く中国人観光客が使っていることがわかります。中国人観光客の旅行費用全体に占める買い物代金の割合は52.9％を占めており、韓国や台湾など他の国や地域よりもその割合ははるかに高いのです。近年、中国人観光客の購買現象を表す「**爆買い**」という言葉が流行語大賞にノミネートされるなど、社会現象を巻き起こしていることを裏付けています。

　ここで1つ疑問が生まれます。なぜ「爆買い」ができるほどのお金持ちの中国人が増えたのでしょうか。この疑問は唐成ゼミ「訪日中国人観光客アンケート2016」（以下ゼミ調査）の分析から、興味深い発見がありました。中国人観光客の旅行費用全体に占める買い物代金の割合をいくつかの分野に分けたところ、爆買いの主役はお金持ちだけではありませんでした。訪日

中国人観光客は、どの年齢層も、どの所得層も、男女に関係なくほぼ同じ割合で旅行費用の 50 〜 60％を買い物に使っていることがわかりました。このように、中国人観光客が全体的に同じくらいの消費意欲で買い物をしていることが、いわゆる「爆買い」の特徴なのです。

また、その中国人の「爆買い」を支えている要因は 2 つあると思われます。1 つは、為替レートの元高・円安が続いていることで、日本国内で商品を安く購入できることです。もう 1 つは、日本の高品質・高性能の商品を買いたい意欲があることです。今回のゼミ調査では、中国人が爆買いする商品は「化粧品」（34.3％）、医薬品（16.9％）、「食品」（16.2％）、「家電製品」（15.2％）の順位（複数回答）になっています。

■ 日本経済への影響とは

中国人観光客の「爆買い」は、日本にどのような経済効果をもたらしているのでしょうか。最近、テレビのニュースや新聞で「**インバウンド**」（inbound）という言葉をよく目にするようになったと思います。インバウンドとは、「中に入ってくる」という意味で外国人が日本を訪れることを指します。観光庁のデータによると、日本のインバウンド観光は 2011 〜 2016 年にかけて年間 30％を超えて成長しており、2016 年のインバウンド消費は過去最高の 3 兆 7476 億円に達しています。ちなみに、2016 年はインバウンド観光が日本の基幹産業の 1 つとして認知されるようになった年でもあります。このインバウンド消費のうち、中国が 1 兆 4754 億円で全体の 39.4％を占めており、第 2 位の台湾 5245 億円（同 14.0％）を大きく引き離してい

ます。インバウンド消費において、中国人観光客はもはや無視できない大きな存在となっています。

また、最近は「爆買い」が減少し、日本の歴史文化や自然体験ツアーなど、ニーズが多様化していると言われています。そのため、日本の地方が持つ観光資源を活かして、インバウンド需要による地方創生にもつながるという経済効果が期待されます。このように、中国人観光客は日本経済にも多くの影響を与えるほど注目されるようになりました。

2. なぜ中国は「世界の工場」と呼ばれたの?

▥ 経済大国になった中国

なぜ中国は豊かになってきたのでしょうか。1978 年から 2016 年までの中国の経済成長率は平均 9.6％に達しており、世界的にも類のないほどのパフォーマンスを遂げています。

長期間にわたる高度成長の結果、2010 年に中国は名目 GDP（国内総生産をその時の市場価格で評価したもの）で日本を抜いて、世界第 2 位の経済大国になりました。世界銀行によると、2015 年における世界の名目 GDP シェアはトップから、米国 24.5％、中国 15.0％、日本 5.6％という順になっています。また、2015 年の 1 人当たりの名目 GDP は中国が 7930 ドルと、米国の 7 分の 1、日本の 5 分の 1 にとどまってはいますが、かつての貧困国から中所得国の仲間入りを果たしています。

このような高度成長をもたらした 1 つの要因は、1978 年以降、輸出志向工業化戦略を導入したことです。つまり、外国企業の投資を誘致し、豊富な労働力を活かして、加工貿易を中心

第 9 章　爆買いから見える日系企業の成功とは?　　143

とする輸出促進の工業化が進められてきました。加工貿易とは、海外から原材料や部品を仕入れて、国内の工場で加工した完成品を、再び海外に輸出する貿易形態のことです。日本の高度経済成長期も同じ道を歩んできました。

ただ、中国がこの戦略で大きな成功を収めたのは、1990年代後半以降のグローバル化が世界中で急速に浸透した時期です。さらに、2001年12月に中国はWTO（世界貿易機関）へ加盟したことで、欧米や日本など先進国からの企業進出が一層増大しました。このことにより、中国国内では、輸出のための設備投資が増えて、輸出能力も一段と向上しました。この輸出拡大は設備投資とともに、中国の高度成長を大きくけん引してきたのです。つまり、WTOへ加盟してから、中国経済が世界経済により深く溶け込んだことにより、貿易規模が世界第1位の「世界の工場」として変貌し、高い成長率を実現したのです。

▥ 「世界の工場」は世界貿易の窓口

それでは、「世界の工場」というと、どのようなイメージを持ちますか？　世界中の人々が愛用しているiPhoneを例に見てみましょう。米国のアップル社が台湾・鴻海精密工業（ホンハイ、世界最大の電子機器の生産を請け負う会社、シャープを買収）にiPhoneの製造を依頼します。鴻海は日本のソニーや韓国のサムソンなど世界的にも有名な企業からiPhoneに必要な中間部品を集めて、中国の組み立て工場で約100万人を超える労働者を雇って、iPhoneを製品化して、再び世界中に輸出しています。

このiPhoneの事例でわかるように、中国は世界貿易の「窓

口」の役割を担っています。実際、中国の輸出の40％ほどが外資系企業によって担われています。このような投資や貿易のプロセスを辿ると、"Made in China" の背後に、実は数多くの日本企業も深く関わっていることがわかります。中国の貿易規模が拡大している中で、日中経済交流も投資と貿易を通じて深めてきました。

　例えば、2016年において日本の輸出先は中国（シェア17.7％）が米国（20.2％）についで第2位ですが、2009年から2012年まで中国が米国を上回って第1位となっていました。また、日本の輸入先は2002年以降、中国（25.8％）が米国（11.1％）を上回って第1位となっています。さらに、中国にとって日本は、シンガポール、韓国についで第3位の投資国で、日本から中国への進出企業数も国としては第1位となっています。つまり、グローバル化が中国を「世界の工場」として変貌させる中で、日中経済も投資と貿易を通じてより密接な関係になってきました。

■「世界の工場」が経営難？

　しかし、最近、中国経済の失速や崩壊論、日系企業の撤退論等の話題が目立つようになりました。確かに2010年代に入ってからというもの、中国は少子高齢化が進み、次第に労働力不足の問題が顕在化してきました。このため、労働者の賃金が上昇し、企業が生産コストの増加を強いられるようになりました。英国のフィナンシャル・タイムズの報道（2017年2月27日）によれば、中国の製造業労働者全体の時給は現在、メキシコ、ブラジル、タイなどを上回っており、ユーロ圏で経済が低迷し

ているギリシャやポルトガルなどの国々の約70％水準となりました。それに加えて、中国経済の成長が鈍化し始め、2012年に成長率が8％を切り、2016年には6.7％にとどまっています。これは、長年にわたって維持してきた中国の高度成長が終焉したことを意味します。

　近年の中国経済の変調ぶりは日系企業の調査からも伝わってきます。たとえば、日本貿易振興機構（ジェトロ）の「2016年度アジア・オセアニア日系企業実態調査─中国編」（2017年1月）によれば、中国にある日系企業にとって、経営上の問題点として最も多かった答えは「従業員の賃金上昇」で、全体の77.8％と突出しており、問題の大きさがわかります。現在、中国の製造業の人件費は月額およそ8万円で、日本の3分の1ですが、10年前は日本の10分の1でした。

　そして近年の元高・円安傾向が現地での経営コストに拍車をかけるようになり、製造業を中心に、撤退または撤退を検討し始めた企業が増えています。ジェトロの調査によれば、今後1、2年のうちに撤退を検討している企業の割合は、2012年の4.0％から2015年の8.8％に上昇しました。ただ、2016年に再び5.3％へ減少しています。なぜ再び減少したのか？この背景には、中国を市場と見なおす企業が増えたことがあります。

3. 中国は「世界の市場」になれる？

■「世界の市場」への転換をはかる

　そこで、中国政府は、これまでの投資と輸出依存の成長から脱却し、個人消費を拡大させる内需主導型の経済発展モデルへ

の転換を試みています。このためには、消費を促進するために、まず国民全体の所得をアップさせることが大事です。そこで、中国は、2020年に、2010年に比べて、国民所得を2倍にする所得倍増計画を打ち出しました。次に、国民が安心して消費できるように、いまの年金、医療などの社会保障制度をより充実させる政策も展開しています。さらに、インターネット市場などの新興分野を政策的に支援しています。つまり、今後の中国経済の成長エンジンとして、消費への期待が高まっています。

　現状では、図表2で示しているように、この10年近く、中国における個人消費のGDPに占める割合はゆるやかな上昇を示しています。しかし、2015年時点ではGDPのわずか37％程度しかなく、米国68.1％、日本58.6％、韓国49.3％より異常に低いことがわかります。もちろん、消費の割合が低いことはその成長のポテンシャルが高いこととも言えます。たとえば、生活水準向上に伴い、支出に占める娯楽・文化の支出が今後さ

図表2　個人消費がGDPに占める比率の国際比較

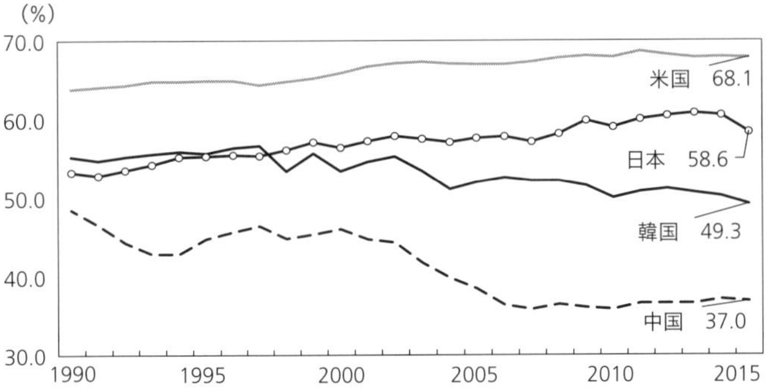

世界銀行データベースより筆者作成

第9章　爆買いから見える日系企業の成功とは？　　147

らに拡大していくことが予想されます。また、パソコン、エアコンなどの普及率は農村ではまだ低く、自動車の普及率も全国平均で22.7％にとどまっています。さらに、中国も高齢化が進んでおり、医療・介護などへの需要も今後増えていくと思われます。

ゼミ調査の分析からもわかるように、中間層以上の中国人世帯は安全・安心の意識が高くなり、高品質の商品や生活を追求し、旺盛な消費意欲が示されています。これは過去10年間、中国の労働者全体の賃金が3倍も増えていることから、14億人近い人々の生活水準が着実に向上していることの表れでもあります。

2015年の中国は、世界の個人消費総額に占めるシェアは9.9％で、米国についで世界第2位になりました（国際連合の統計による）。今後、中国は個人消費の割合も上昇し、モノからサービス・情報へ消費構造が高度化し、消費社会が到来することになるでしょう。

■ 日本企業にとっての中国市場とは

このことを考えると、日本企業にとって今後も中国市場でのビジネスチャンスが重要であることはいうまでもありません。日本は少子高齢化や経済の成熟化などが理由で、今後国内市場の拡大が望みにくくなっています。中国経済は減速してきたとはいえ、依然として6％以上の成長率を維持していることからも、日本企業が中国市場を重要な開拓先として位置づけていることも当然です。

これは、外務省による日系企業の動向調査からも確認できま

す。図表3は日系企業の拠点数がいくつあるかを示しています。それによると、2015年における中国での日系企業の拠点数は3万3390です。これは米国の7849、ASEAN10か国にある9658という拠点数をはるかに上回っています。中国の拠点数は、2012年に日中の政治関係が悪化した年に一時減少しましたが、それ以降は、増加し続けているのです。この日系企業の拠点数の推移は、日本と中国との経済関係を考えるうえで大変重要なヒントを与えてくれています。

■ **中国市場でどう勝つか**

先に述べたように、中国人のニーズは変化しており、中国の消費市場に対して、質の高い日本製品を求める消費者をビジネスチャンスと捉え、日系企業は「日本ブランド」を武器に攻勢をかけています。また、日本での爆買い現象を見て、中国本土でも日本の商品を売り込み、新しい販路開拓を模索している日本企業も増えています。実際、ゼミ調査によれば、中国人観光客の81.4％は日本の商品を中国でも購入したいという高い意欲が示されています。特に化粧品、家電製品、食品、医薬品、衣料品が上位となっています。

しかし、中国市場には欧米などの世界的なグローバル企業

図表3　日系企業（拠点）数上位国・地域の推移（各年10月1日現在）

	2011年	2012年	2015年	2016年	2020年
中国	33420	31060	33390	32313	33343
アメリカ	6792	6899	7849	8422	8930
インド	1446	1713	4315	4590	4948
ドイツ	1428	1527	1777	1811	1896
ASEAN	7035	7395	9658	9620	15208

外務省領事局政策課「海外在留邦人数調査統計」各年版より筆者作成

や、ローカル企業も参入し、世界第2位の消費市場をダイナミックで競争的なものにしています。このため、日本の「ブランド力」だけで、あるいは日本で通用した戦略だけでは、中国市場では必ずしも勝てないのです。たとえば、食品関連の日系企業で経営黒字を達成しているのはわずか数社にとどまっています（2016年8月、上海ハウス食品有限公司羽子田礼秀社長（中央大学経済学部OB）へのヒアリング）。つまり、「日本の常識は世界の非常識、世界の常識は日本の非常識」という言葉が存在するように、その国に合ったスタイルを形成する必要があるのです。

また、中国市場は弱肉強食の消費市場であるという指摘の声もあります（2016年8月、大日本印刷の伊東千尋中国総代表へのヒアリング）。この中国市場で成功を導くためには様々な市場戦略が必要です。たとえば、ハウス食品は中国ビジネスに対して、興味深い取り組みを行っています。ハウス食品は、2005年に中国市場で「バーモントカレー」の本格販売をスタートしました。これまでカレーライスの認知度がほぼゼロだったため、ハウス食品は様々な工夫をしてきました。

たとえば、中国人が普段使っているカレー粉の色は黄色であり、日本のようにルウを褐色にすると中国人にイメージが伝わりにくいため、カレールウを黄色にしました。また、中国人は「八角」という香辛料を好むことから、カレールウにそれを配合して、中国人好みの「バーモントカレー」（「百夢多」）に生まれ変わらせました。さらに、地道なカレーライスの普及活動に取り組み、全国各地のスーパーの店頭での試食会を繰り広げ、子どもや母親にカレーライスの味をアピールしてきました。このように、日本人の国民食としてのカレーライスはいまや中国

の"人民食"として広がりつつあります。

　以上のように、大勢の中国人観光客が日本に訪れることにしても、巨大な中国消費市場での市場開拓を展開することにしても、中国経済は日本経済にとって切っても切れない重要な関係になっています。いまや日本にとどまらず、世界経済全体が中国抜きに語れない状況では、中国経済を知ることが世界経済を学ぶ第一歩なのです。そして、日本経済と密接な関係にある中国経済を学ぶことは、日本経済を学ぶことにもつながるのです。

【ブックガイド】

・岡本隆司『中国の論理─歴史から解き明かす』（中公新書、2016 年）

　地理的に近く歴史的なつながりも強いにもかかわらず、理解し難い「中国（人）の論理」を、歴史観、社会と政治、対外関係の三つの切り口から中国文明の特質を解き明かしています。

・南亮進・牧野文夫『中国経済入門第 4 版』（日本評論社、2016 年）

　最新のデータを示しながら、中国経済の入門書として、多面的により現実に近い中国経済像（経済成長の光と影）を提示しています。

【研究課題】

❶中国経済の消費・内需型主導の成長モデルへの円滑な移行にあたり、解決すべき重要な課題とは何かをまとめてみてください。

❷中国人観光客の観光ニーズが多様化している中で、インバウンド需要をどのように拡大させ、日本経済の活性化

や地方創生につなげていけるのか、あなたの観光ビジネスプランを作ってみてください。

❸日系企業による「世界の市場」での市場開拓において、成功している企業の鍵とは何か？　また、過去の失敗事例から成功のために何を学ぶべきかを調べてみましょう。

筆者のひとりごと

　本章で取り上げた唐成ゼミ「訪日中国人観光客アンケート2016」は2016年度3年次ゼミ生の笹岡ひかる子さん、牧野由華さん、梶田祐之亮君、久保島亮多君の4人を中心に、2016年の6〜10月にかけて、銀座や新宿など都内を訪れていた中国人観光客に対面式のアンケートを実施し、回収した523人分のアンケートに基づいた分析結果です。このうち、本章の1.なぜ中国人観光客が急増しているの？　については、笹岡ひかる子さんと牧野由華さんも執筆に協力をいただきました。

第 **10** 章

課題山積みの日本が、
途上国に協力する
必要ってあるの?

途上国の貧困と環境問題

1. 課題先進国の日本が 途上国を助けている場合なの?

　ここまで本書で取り上げてきたように私たちが暮らす日本は、財政悪化や少子・高齢化問題、女性の労働問題など課題が山積みです。そのため「課題先進国」とも揶揄されています。そんな日本が途上国を助けている場合なのでしょうか。本章では、途上国の経済発展や福祉の向上のために先進国が途上国に対して行っている**政府開発援助（ODA）**や**国際協力**を経済学的に考えてみます。

　高校生のみなさんには既に「歴史」かもしれませんが、1991年から10年間に渡り、日本は世界最大の援助国でした。しかし、景気低迷や国内の課題に対する支出増加などを理由にODA予算が減らされてきました。現在、日本はアメリカ、イギリス、ドイツ、フランスに次ぎ第5位の援助国です。

　ところで、**ミレニアム開発目標（MDGs）**について知っていますか。MDGsは2000年の「国連ミレニアム・サミット」で、21世紀の国際社会の目標として設定されました。MDGsは1990年を基準年とし、2015年に達成期限を迎えました。

　なかでもMDGsの目標1「極度の貧困と飢餓の撲滅」で掲げられた「1日1.25ドル未満で生活する人口の割合を半減させる」という野心的な目標は大幅に達成し、2015年には3分の1まで減少させることができました。これは東アジア地域、特に中国の経済発展が大きく寄与しました。MDGsで残された課題は、2015年の「国連持続可能な開発サミット」で採択された**持続可能な開発目標（SDGs）**へ引き継がれ、国際社会で2030年

まで対応していくことになりました。

　国際社会が対応することで途上国の課題が改善しているならば、国内で課題が山積みで財政が悪化している日本が途上国を助けなくても良いのではないか、と考える人がいても当然です。この問題を途上国の現場の写真から、経済学的に掘り下げて考えてみましょう。次の写真は、アジアのA国のゴミ埋立場で撮影したものです。あなたは写真を見て、途上国が抱える問題をいくつ見つけることができますか。

　写真を見ると、右端に男の子が立っていることに気が付きます。また、写真の中央にはゴミを拾う大人が写っています。彼らはゴミの中からペットボトルやアルミ缶、鉄くず、古紙などのリサイクルできる資源を拾って、それらをリサイクル業者に販売して暮らしているウェイスト・ピッカー（waste picker）と呼

写真1　アジアのA国のゴミ埋立場（2011年8月、筆者撮影）

第10章　課題山積みの日本が、途上国に協力する必要ってあるの？

ばれる人たちです。

　途上国のゴミ埋立場では、貧しい家庭の子どもが、学校に行かずにウェイスト・ピッカーとして働いている光景を目にします。これを児童労働問題として、2.で考えてみましょう。

　ウェイスト・ピッカーの生活がなぜ成り立つのでしょうか。その1つの理由として、ゴミを捨てる人や企業がリサイクルできるゴミとできないゴミに分別していないことが考えられます。写真でも乱雑に積まれたゴミが散乱していることや、そのゴミが何も処理されずに写真の中央・左の方で、ただの穴に捨てられていることに注意深く観察すれば気が付きます。

　3.では、このような環境問題がなぜ途上国で発生しやすいのか、その原因と対策について考えます。そして、最後に4.で、課題山積みの日本が、途上国に協力する必要があるのか、掘り下げてみましょう。なお、本章では経済学用語が多く出てきますが、読み飛ばしても大丈夫です。気になった経済学用語があればネットで検索してみて下さい。きっと、あなたの視野は、（本章の具体例以外にも）ぐっと広がるはずです。

2.途上国の子どもはなぜ学校に行かずに働くの?

　途上国の子どもはなぜ学校に行かずに働くのでしょうか。あなたはその理由をいくつ思い付きますか。例えば、①近所に学校がないから働く、②児童労働が禁止されていないから働く、③学校に通いたくてもお金がないから働く、以上の3つくらいの理由（仮説）は思い付くのではないでしょうか。

　ここでは、以上の3つの仮説を検証するために、これまで

実施されてきた教育援助政策について、**開発経済学**の観点から
考えてみます。

■ 近所に学校がないから働く

途上国における教育の重要性については、1960年代には国際
社会に認知されるようになっていました。人が持つ知識や技能
などの能力も「資本」として捉え、教育にかかるコストとそれ
によってもたらされる経済的メリットを比べて考察する**人的資
本論**が提唱されました。人的資本論は先進国の高等教育だけで
はなく、途上国に対する教育援助政策に大きな影響を与えたと
いえるでしょう。

つまり、教育に投資することは途上国の経済成長に繋がると
認識され、多くの援助機関が教育援助を長年実施してきまし
た。現在では、多くの途上国でも学校は設置されています。し
たがって、危険な山道を通学しなければならないとか通学に徒
歩2時間かかるといった非常に稀なケースを除いて、近所に
学校がないから働くという仮説は当てはまらないでしょう。

開発経済学では教育援助が途上国の経済成長に繋がったのか
を検証する実証研究が行われてきました。小学校を修了した人
は、修了していない人よりも賃金が高いとか、さらに国際比較
では平均教育年数が長い国ほど所得は高い傾向がある、などと
いった教育援助の成果が数多く報告されています。

他方で、教育援助が途上国の経済成長に繋がらなかった事例
も報告されています。これらの原因は、学校があっても給与が
安いため先生を雇うことができなかったことや、確保した先生
が授業をサボって家庭教師のバイトをしていたことなどが指摘

されています。学校が存在することが教育の「質」の保証とは
ならず、教育の質の向上は現在も途上国の課題です（先進国で
も別の次元で教育の質の議論は残っていますが…）。

　21世紀の国際社会の目標であるMDGsでは、目標2で「全
ての児童の初等教育修了」を掲げていました。しかし、途上国
の就学率は1990年の80％から2015年に91％まで改善しまし
たが、目標は達成できませんでした。学校が近所にあっても目
標が達成できなかったということは、どうやら、児童労働がな
くならない理由は別にありそうです。

■ 児童労働が禁止されていないから働く

　教育に投資することが途上国の経済成長に繋がるなら、児童
労働を禁止すべきだ、と考えるのは法学的なアプローチといえ
ます。

　国際労働機関（ILO）では1973年の「最低年齢条約」におい
て、義務教育終了年齢である15歳未満の児童労働を禁止して
います。現在169か国がこの条約に同意して署名し、各国で
児童労働を禁止する法律を整備（批准）しています。

　先に示した写真のA国も、この条約を批准していますが、
他の途上国と同様に児童労働を街の屋台などでも頻繁に見かけ
ます。2012年の時点で1億6800万人の子供たち（全世界の子ど
もの10人に1人）が児童労働に従事しているとILOは推定して
います。児童労働を禁止する法律があっても、それを正しく実
行（執行）できなければ、絵に描いた餅であり、途上国では法
学的なアプローチだけでは限界があるかもしれません。

　児童労働の問題については、**NGO**（非政府組織）による国際的

な監視が企業活動に大きな影響を及ぼしています。例えば、国際的なアパレルメーカーが途上国の工場で児童を労働させていると NGO から告発を受けて、世界的な不買運動に発展し、その工場を閉鎖したことなど、児童労働の問題が注目されています。

　人道的な見地から児童労働を禁止することに、異論をはさむ人はいないでしょう。しかし、経済学的には、児童労働を禁止すれば児童労働は減少しますが、その家庭の所得（**家計**）も確実に低下することが明らかです。つまり、児童労働は禁止すべきですが、子どもが働かなければ生活できない家庭もあるため、そのような家庭への対処方法が必要です。

■ 学校に通いたくてもお金がないから働く

　ここまで論じてきた通り、途上国でも学校が整備されてきた現在では、①や②よりも③学校に通いたくてもお金がないから働くという仮説が最も説得力がありそうです。国際連合教育科学文化機関（UNESCO）によれば、2012 年時点で小学校に通っていない児童は世界で約 5800 万人、そのうち 1300 万人が途中で退学せざるを得なかったと報告されています。

　途上国の貧困家庭の親でも、教育の重要性を理解していますが、貧しい家計から教育に必要なお金を出せないことが起こります（**予算制約**といいます）。しかし、多くの途上国でも義務教育は無償です。それでも子どもが学校に通っている時間は児童労働の稼ぎが得られない（**機会費用**が発生する）ため、児童労働で生活が成り立つ貧困家庭では、子どもは退学を余儀なくされることになります。

第10章　課題山積みの日本が、途上国に協力する必要ってあるの？　159

このような本質的な経済問題に対して、教育援助政策では子どもが学校に通うことを条件に、食糧・給食や医療、現金を支給するという**条件付き所得移転**が考案され、児童労働を減少させ就学率を上げる成果を挙げています。

　開発経済学では、同じような貧困地域で条件付き所得移転を実施する地域と実施しない地域を比較し、実施した地域では就学率が上がることが確認されています（**ランダム化比較実験**といいます）。

　したがって、児童労働を減少させ、子どもを学校に通わせる教育援助政策としては、今のところ条件付き所得移転が最も効果があると考えられています。近年では、教育援助政策や開発経済学でいち早く社会科学に応用されたランダム化比較実験が、アメリカなどの先進国において、教育や福祉政策の評価にも活用されるほど発展を遂げています。

3. 途上国ではなぜ環境問題が起きているの?

　途上国ではなぜ環境問題が起きやすいのでしょうか。途上国の環境問題には、貧困がゆえに発生する森林破壊、都市化・工業化によって発生する公害問題や都市問題、地球温暖化問題など様々な問題が同時に起きています。

　ここでは、ゴミ問題について**環境経済学**の観点から考えてみましょう。まず、ゴミ有料化を例に経済学的な解決策を考えます。その上で、モノやサービスの取引である市場（「いちば」ではなく「しじょう」）に着目すると、経済学的な解決策だけでは途上国の環境問題は改善できないことを確認し、次善の策を考

えてみます。

■ 経済学的アプローチだけで解決できるの？

ゴミ処理は、ある人がゴミを多く捨てても、他の人のゴミの量が減少することはありません（**非競合性**といいます）。同じような非競合性を持つモノやサービスの例としては、警察や消防などが挙げられ、これらは通常の市場では取引されず「**公共財**」と経済学では呼ばれます。したがって、行政などが無料でゴミ処理を提供することが、先進国でも途上国でもかつては一般的でした。

しかし、無料でゴミを処理できると、ゴミを捨てる排出者はリサイクルできるゴミを分別することなどで、ゴミを減らそうとはしません。そこで、多くの先進国ではゴミ有料化が導入され、特に日本では環境経済学において数多くの実証研究が実施されてきました。これらの研究では、ゴミの量に応じて料金が上がっていく制度がゴミの量の削減効果があり、効果も持続するなど、ゴミ有料化の成果が確認されています。

ところが、実は写真のＡ国でもゴミの有料化は既に実施されています。なぜＡ国ではゴミの分別は進まず、削減効果が確認できないのでしょうか。

■ 普通の市場では環境問題を解決できないの？

ここではモノやサービスの取引、つまり市場に着目して考えてみます（図表1）。

私たちが日常で利用しているモノやサービスを購入する通常の取引は、消費者として欲しいモノやサービスの価格に納得し

図表1　有償取引と逆有償取引のモノやサービスとお金の流れ

て購入しています。その時、お店やネットからモノやサービスを消費者が受け取り、その対価としてお金を支払っています。つまり、モノやサービスとお金の流れは逆方向です（**有償取引**といいます）。

ところが、ゴミ処理や排水処理、大気汚染防止などの環境サービスの費用はどうでしょうか。この場合、私たちが排出者となってゴミなどの不要物を処理業者に引渡し、そして処理費用を処理業者に支払います。したがって、環境サービス市場ではモノやサービスとお金の流れは同じ方向なのです（**逆有償取引**といいます）。

通常の取引では、消費者が購入した後にモノやサービスが気に入らなければ、クレームを出したり次の購入を控えたりするため、お店やネットは手頃な価格を設定し、市場は適正に働きます。しかし、環境サービス市場では私たち排出者は、処理業者がどのように処理しているのかについて、よほど意識しない限り確認しませんし、支払った価格が適正なのかは判断できません（**情報の非対称性**といいます）。

もし悪徳業者に処理サービスを委託すると、悪徳業者は処理サービス料金を貰って、不法投棄など費用が掛からない処理をすることで、ボロ儲けすることができます。したがって、環境

サービス市場では法律などの規制があり、かつ規制が守られなければ、不法投棄や不適正処理などによって環境汚染（**外部不経済**）が発生するのです。

　ちなみに、写真のＡ国のゴミ処分場は、法律で認められたゴミ処分場です。私はＡ国の環境省の役人と現場で、ゴミが分別されていないこと、ゴミ処理が不適正であり環境汚染が発

▌コラム（ゴミもグローバル化 ?!）

　「壊れていても何でも OK です」週末に廃品を回収する軽トラックのスピーカーから流れる案内を聞いたことありませんか。私たちから回収した家電・パソコン・バッテリーなどの多くの製品は「中古品」と称して、日本から世界中の途上国に輸出されています。

　もちろん、実際に中古品として使われることもあります。国際的にリユース（再使用）されていれば問題はないのか？　話はそう単純ではありません。日本と海外では電圧や放送方式などが異なり製品の再調整が必要です。この過程で、日本から輸入された中古品は、新しいフレームに変えられ、ブランド名も付け替えられて、模倣品として生まれ変わることもあります。模倣品が故障すれば、勝手につけられたブランドの企業イメージは低下します。そもそも中古品や模倣品は製品寿命が短く、途上国でゴミになるのが早く、そしてゴミを適正に処理できないため、環境汚染を引き起こしています。

　また、有害廃棄物を含む家電をゴミとして輸出することは、国際条約で禁止されているため、家電などは「中古品」と称して輸出されているのです。この場合は、国際リユースではなく、国際リサイクルが目的であり、その最大の集積地である中国・貴嶼（グイユ）では、鉛やヒ素などによる健康被害などが明らかになっています。

　ゴミがグローバルに活発に貿易されるようになったのは、資源制約が顕在化した 2000 年代からであり、国際リユース・リサイクルは環境経済学の新しい研究課題です。少なくとも私たち消費者は、途上国の環境汚染を防ぐために行政が定めた適正なルートにゴミを捨てることが求められています。

第10章　課題山積みの日本が、途上国に協力する必要ってあるの？　　163

生していることなどを議論しました。多くの途上国では、ゴミ問題だけでなく環境問題に対する法律は整備されています。しかし、法律に不備があったり、法律が守られなかったりして、環境問題の改善には結びついていません。ここでも 2. と同様に、途上国での法学的なアプローチだけでは限界がありそうです。

■ 環境問題は総合科学で解決する

では、どうやって A 国のゴミ処分場の問題を改善できるのでしょうか。

環境経済学の観点からは、有料化の料金設定が安すぎたから、ゴミは削減できなかったと考えられ、将来、料金の値上げが必要になるでしょう。これと併せて、法律で認められたゴミ処分場であっても環境汚染が確認されているため、ゴミ処分場の設置基準の見直しや他の場所での不法投棄の監視など規制の強化も必要です。さらに、排出者が分別する選択肢がなかったら、ゴミは削減できません。したがって、現地のゴミの性質に合わせたリサイクル工場も必要になります。

このように A 国のゴミ処分場の問題を改善するためには、少なくても経済学、法学、工学の専門家による総合科学的な国際協力が求められています。

これで一件落着？　いいえ、何か忘れてはいませんか。そうです、ウェイスト・ピッカーです。2. で論じた条件付き所得移転が実施され児童労働がなくなり、総合科学的な国際協力によってゴミ処分場の環境問題も改善した場合、拾うゴミが無くなったウェイスト・ピッカーの大人は仕事を失ってしまいます

164

（**トレードオフ**が生じます）。そこで、新しい設置基準のゴミ処分場の管理者やリサイクル工場の従業員としてウェイスト・ピッカーを雇用するなどの配慮も必要です。

4. 依存しているのは途上国？　それとも日本？

　A国のゴミ処分場の問題1つを考えても、こんなに複雑に入り組んだ問題を国際協力で改善できるのか、と思われたことでしょう。現在、途上国の環境問題に対して、単に処分場や焼却場を設置するなどの環境技術を移転するだけでなく、これまで論じてきたような総合科学的な国際協力が主流となっています。

　私自身、タイやインドネシア、中国でA国のゴミ処分場のような問題を改善してきました。このような複雑に入り組んだ問題に対して、様々な専門家と一緒に議論し、総合科学的な改善策を考える時に役立ったのは、本章で要点を紹介してきた経済学的アプローチでした。

　この章を読んで国際協力の必要性や経済学的アプローチの有効性について、みなさんの理解が深まれば幸いです。と、ここで筆を置いたら、鋭い読者は「課題山積みの日本が、途上国に協力する必要ってあるの？」という問いに答えていないとお気づきでしょう。そもそも「アジアのA国のゴミ処分場？　私には関係ないし、興味ないし…」と思いながら読破した人もいるかもしれません。

　本当にそれでよいでしょうか？

　第8章で貿易について学んだ通り、私たちの身の回りのモノの大半は外国、なかでもアジアの途上国で生産されて、私た

ちは利用しています。Ａ国も例外ではありません。みなさんが毎日使っているスマートフォンの部品メーカーも、ファストファッションの委託工場もＡ国で生産し、写真のゴミ処分場でゴミを処分しています。それらのメーカーや工場が環境汚染に関与していると私は責めるつもりはありません。なぜなら、不備があるにせよＡ国の法律に従って生産し、ゴミを処分しているからです。

　しかしながら、私たち消費者が間接的にＡ国の環境汚染に関与していることを見過ごすことはできないと考えています。国際協力の議論の中には、途上国は援助に依存し、経済発展の自立を妨げるという説もあります。これは国際協力のあり方を検討することで改善できます。

　他方で、私たちが住む日本の生活は、途上国での生産がなければ成り立たないことは間違いなさそうです。「グローバル社会に今は無関心でいることは可能だが、既に無関係でいることは不可能」なのです。だからこそ、課題山積みの日本であっても、途上国に協力する必要があると私は考えています。

　もちろん、日本のＯＤＡの財源が限られていますので、昔のように援助金額（量）でトップを目指すのではなく、質の高い援助が求められています。援助の効果を測定する経済分析の高度化は、私たち研究者の次の課題です。

　難しい開発経済学や環境経済学を大学で学んでも、卒業後、国際協力に携わる職業に就ける学生は少ないのが現状です。しかし、現実の問題から適切な課題を設定し、経済学的アプローチで解決策を導出する開発経済学や環境経済学は、どんな職業でも活かせる、大変だけど、学び甲斐のある応用経済学です。

【ブックガイド】

・高橋和志・山形辰史『国際協力ってなんだろう—現場に生きる開発経済学』（岩波ジュニア新書、2010 年）

国際協力に関連する幅広い 24 のテーマを多様な研究者が開発経済学の視点から、平易な言葉で実際の現場と先端の開発議論を解説。興味を持ったテーマについて、参考文献から知識を深めることもできます。

・黒崎卓・栗田匡相『ストーリーで学ぶ開発経済学—途上国の暮らしを考える』（有斐閣ストゥディア、2016 年）

難解である開発経済学を初学者でも学べるように、架空の国のストーリーで学ぶことができる入門書。ストーリーから開発経済学がどのようなアプローチで解決策や政策提言を導き出すのか、最先端の理論も紹介。

・瀬谷ルミ子『職業は武装解除』（朝日文庫、2015 年）

筆者は中央大学の卒業生。外務省や国連などで活躍した平和構築や武装解除の国際的エキスパートによる自伝的エッセー。平和構築の活動でも経済学的アプローチの記載があります。あなたは見つけられますか？

【研究課題】

❶本文を踏まえて、あなたが途上国の子どもに生まれたら、日本などの先進国に対して何を求めますか？

❷国連のミレニアム開発目標（MDGs）で達成された項目と未達の項目をデータで確認してから、MDGs を踏まえた持続可能な開発目標（SDGs）で重視されている項目を達成する方法を考えてみよう。

❸途上国は地球温暖化対策を後回しにして経済成長すべき

か、否か？　について考えてみよう。

筆者のひとりごと

　ガイダンスなどで「経済学部でゴミの研究をしています」というと、多くの学生は奇矯な眼差しで私を見返してくれます（笑）。なかには「なぜ？」と素直に質問してくる学生も多いです。答えは単純で「研究対象として面白い」からです。

　考古学者が貝塚などゴミ捨て場から当時の生活を推察したり、ドラマで刑事がゴミから証拠を集めたり、といった例があるように、ゴミはその国の消費行動や企業活動を如実に伝えてくれます。この分野で研究を始めてから15年以上が過ぎ、数百の現場で視察やヒアリングをしてきましたが、「そんな使い方があったか！」とか「日本のゴミがこんな所に！」といった新鮮な驚きは未だに尽きません。

　その理由は、ゴミがTPO（時間、場所、機会）によって廃棄物にも資源・財にも変容するからです。この時間と場所と機会を別々に分析することは可能ですが、時間と場所と機会を同時に分析する経済理論モデルは（私の知る限りでは）ありません。

　例えば、リユース市場では第1利用者が「不要だけどまだ使える」と考える使用価値と第2利用者が「買っても使いたい」という商品価値の間にギャップがあります。そのため、使用価値がある不用品の多くは売却できず（これを克服する点でフリマアプリは画期的！）、結果として廃棄されているか、もしくはリユース需要のある海外に輸出されるのが現状です。

　消費者が財やサービスを消費することによって得る主観的な満足の度合いを経済学では「効用」といいます。どうやらリユース市場では第1と第2利用者との間に効用に違いがありそうです。そうすると近代経済学が前提としている「個人間の効用比較の不可能性」が成り立ちません。

　つまり、経済学を再考する課題をゴミ研究は有しているといえます（と思っています）。TPOで変容するゴミを分析する経済理論モデルを構築したい、と夢を見ていますが、現場で目から鱗が落ちる体験をさせてくれる「ゴミの魔力＝宝探し」に取り憑かれた日々は、（多分）まだ続きそうです。

おわりに

1. 各章の要約

　理解を深めていただくために、本書の内容をざっと振り返ってみましょう。

　第1章　どうして大学へ行くの？

　第1章の問題意識は、1980年代以降の大学進学率の上昇に注目し、なぜ大学進学率が高まったのかを経済学の視点から説明することにあります。

　高校卒業後の進路選択として、大学進学もしくは就職のいずれかを想定しましょう。すべての意志決定には、プラスの側面（ベネフィット）とマイナスの側面（コスト）があります。経済学では、進路の意志決定は大学に進学することの純ベネフィット（＝ベネフィット−コスト）と就職することの純ベネフィットの大小関係で決まると考えます。大学進学率が高まったのは、大学に進学することの純ベネフィットが高卒で働くことの純ベネフィットを上回ると高校生が判断したからということになります。ここで注目して欲しいのは、「機会費用」の概念です。人生は選択の連続です。何か1つの選択をすると、必ず何かを失います。大学進学の費用には、授業料等のほかに、高卒で就職した場合に得られるであろう4年間の所得（これが失った機会費用！）が含まれるのです。

　第2章　それでもあなたは子どもをもちますか？

　2015年における日本の合計特殊出生率は 1.45 で、人口を維

持するのに必要な水準 2.07 を下回っています（厚生労働省「平成29年　我が国の人口動態」）。このような「少子化」現象は、1974年以降継続しています。少子化は人口減少をもたらします。日本では高齢化（総人口に占める 65 歳以上人口の割合が上昇する現象）も急速に進行しています。少子高齢化の進展は、労働力人口（15 歳以上で働く意思と能力をもつ人の総数）を減少させ、経済成長にマイナスの影響をもたらします。

　第 2 章は、特に少子化に焦点を当て、子どもをもつことの意味を経済学の観点から考察しています。基本となる考え方は第 1 章と同じで、子どもをもつことの純ベネフィットがプラスであれば子どもをもつというものです。結局、少子化が進行しているのは、子どもをもつことの純ベネフィットがマイナスであると判断する人が多いからであり、子どもをもつことのコストを減らすような政策の必要性が強調されています。

　第 3 章　女子が「働く」って「ツラい」こと？

　第 2 章で示されたように、労働力人口の減少は、働き手を不足させ経済成長率の低下をもたらします。持続的成長のためには、合計特殊出生率の改善のみならず、女性や高齢者の労働参加が必要となります。

　第 3 章は、女性の労働参加に焦点を当て、日本で働く女性の現状、女性が働き続けるための条件を考察しています。日本で働く女性の現状として、15 歳以上 64 歳以下に該当する女性の約 50％が収入を伴う仕事をしていること、正社員と非正社

員の比率はおおよそ4対6であること、女性の労働力率の年齢階級別推移はM字カーブを描くこと、管理的職業従業者に占める女性の割合は他国と比較して相対的に低いことが明らかにされています。

女性が働き続けるためには、育児・介護休業制度の整備や待機児童の解消に加えて、男性が正社員として働き女性が家事・育児を担当するという「家族内ワーク・ライフ・バランス」の見直しが重要です。

第4章　お金って何だろう？

「お母さん、お金ちょうだい！」高校生のみなさんも、こう言っておねだりをした経験があるでしょう。それは、お金があれば欲しい物が手に入ることを知っているからですよね。

私たちにとって便利な存在であるお金はどのようにして誕生したのでしょうか？　また、そもそもお金の定義って何でしょうか？　第4章では、このような問題を取り上げています。

お金のない時代には、欲しい物を手に入れるためには物々交換しかなく非常に不便でした。その後、金や銀がお金として利用されるようになりましたが、欲しい物を購入するために金や銀を持ち歩くのはやはり不便ですよね。そこで、紙幣や硬貨が誕生したわけです。そうすると、お金というのは紙幣や硬貨のような現金のことだと思われるかもしれませんが、お金には預金も含まれます。このことは、クレジットカードでの支払いを考えれば明らかですね。

おわりに

市場に出まわるお金の量を操作することにより、景気に影響を与えることが可能です。アベノミクスでは、お金の量を増やすことにより、景気を良くしようと考えているのです。

第5章　えっ？　高校生って国の借金払ってるの？

国は、家計（個人）や企業（会社）から税金を徴収して、国民のためにさまざまな活動を行っています。日本では1964年度まで借金をしない均衡財政が達成されていましたが、現在では約1100兆円の借金を抱えています。

この国の借金は、高校生のみなさんと無関係ではありません！　第5章は、このような問題提起から始まります。みなさんの多くは収入がなく、またバイトをして稼いでも、一定水準以上の所得がある場合にしか税金（所得税）はかかりません。しかし、お小遣いを使って買い物をするときには必ず消費税を支払っています。現在消費税の税収は、年金や医療・介護などの社会保障関連に使われることになっていますが、社会保障関連の費用を他の経費とは別に特別勘定で経理し、社会保障給付に必要な財源を消費税収でまかなう仕組みにはなっていません。したがって、消費税が国の借金返済に回っている可能性を否定できません。

このように、高校生が知らぬ間に国の借金返済を背負わされていることの最大の問題点は、過去における国の借金の意思決定に参加していないことにあります。財政再建のためには、みなさんが国の役割に関心を持つことが第一歩なのです。

第6章　経済ってどうやって測るの？

　第6章は、基本的な経済指標である物価指数とGDPを取り上げ解説しています。

　国全体のモノの値段は物価と定義されます。物価の継続的上昇がインフレーション、継続的下落がデフレーションです。物価の動向は物価指数で捉えられます。物価指数には消費者物価指数と国内企業物価指数とがあり、前者は消費者の消費する主要なモノの値段が、後者では企業間で取引されるモノの値段がそれぞれ調査対象となります。

　国の経済の大きさを測る指標としてGDP（国内総生産：Gross Domestic Products）があります。これは企業の生産活動により国内で新たに生み出されたモノの価値（付加価値）に等しくなります。GDPの大きさは物価に影響を受けます。物価の存在を考慮しないGDPは名目GDP、考慮するGDPは実質GDPと定義されます。経済成長率はGDPの成長率により測定することが可能です。実質GDP成長率は名目GDP成長率から物価上昇率を引くことにより計算できますから、デフレーション（物価上昇率がマイナス）のときには、名目GDP成長率が実質GDP成長率を下回ることになるのです。

第7章　食料は自給しなければならないの？

　食べることは、生きるために欠かせない行動です。しかし、日本における食べ物の多くは国産品ではなく、外国からの輸入品です。食料自給率は、国内で消費される食べ物が、どのくら

おわりに　　173

い国内生産によりまかなえているかを示す数値です。第7章は、この食料自給率の動向と政策的意味に焦点を当てています。

　日本の食料自給率は他の主要国と比較して低く、かつ1960年以降、年々低下しています。カロリーベースで計算した食料自給率は、1960年は79％でしたが、2015年には39％にまで低下しています。

　食料自給率の低下は、食生活の洋風化と農業生産の縮小が原因です。食料自給率を引き上げるべき経済的理由としては、農業生産の拡大による地域経済活性化、農業の多面的機能発揮、農産物国際市場の安定化が挙げられます。

第8章　そのスマホ、メイドイン何？

　日本の食料自給率は2015年において約4割であることを、第7章で見ましたが、食料以外にも身の回りのモノで海外において生産されたものは数多くあります。この背景には貿易の存在があります。第8章では、貿易の種類、保護貿易および不公正貿易のデメリットを解説しています。

　貿易は、産業間貿易と産業内貿易の2種類に分類されます。さらに産業内貿易には、水平的産業内貿易と垂直的産業内貿易があります。産業間貿易は異なる産業間での貿易のことで、東南アジア諸国が日本へ衣料品を輸出し、日本が東南アジア諸国へ日本車を輸出するケースがその例です。これに対して産業内貿易は、同じ産業内での貿易のことです。水平的産業内貿易は異なる国がお互いに自国の車を輸出するケースです。こ

れは消費者の車に対する嗜好がさまざまだからです。垂直的産業内貿易は、原材料（コンピュータの一部品）と完成品（コンピュータ）をお互いに輸出するケースです。

輸入時に関税をかけることにより自国の産業を保護すると、世界全体での資源（生産要素）の配分に無駄が生じます。不公正貿易は各国が自国の利益のみを追求する行為であり、異なる国の間での競争関係を歪めてしまいます。

第9章　爆買いから見える日系企業の成功とは？

「Made in China」の言葉が第8章で出ていました。今や中国経済は日本経済にとって重要な存在となっています。第9章は、この点に注目しています。

中国経済と日本経済が密接な関係にあることは、さまざまな統計で観察できます。中国人観光客による「爆買い」現象に象徴されるように、2016年の日本のインバウンド消費のうち約4割を中国が占めています。また、同年において日本の輸出先は中国が第2位、輸入先は第1位となっています。日本企業の海外進出先も、2015年において中国がトップとなっています。

このような現象の背景には、高度成長により中国が経済大国になったことがあります。しかしながら、2010年代に入ってからは、少子高齢化による労働力不足が賃金コストの増加をもたらし、成長を鈍化させています。

とはいえ、中国はGDPに占める個人消費の割合が低く、まだまだ経済成長の可能性が高いと言えます。中国人観光客によ

おわりに　　175

る日本での消費増加、日本企業による中国消費市場の開拓は、日本経済の成長にとってプラスであると考えられます。

第10章　課題山積みの日本が、途上国に協力する必要って
　　　　あるの？

　日本は、政府開発援助（ODA）等の形で開発途上国・地域の人々を支援しています。第10章は、このような国際協力の必要性を、途上国の環境問題、特にゴミ処分問題に注目し、経済学の視点から考察しています。

　第8章で見たように、日本の生活は途上国での生産がなければ成立しません。そのことが途上国のゴミ処分場問題の一因となっているとしたら、日本の消費者は間接的に途上国の環境を汚染していることになります。したがって日本は、国内でさまざまな問題を抱えており財政的に余裕がないとしても、途上国の環境問題改善に協力する必要があると言えます。

　途上国においてゴミ処分場の問題は、環境汚染だけではなく児童労働問題とも密接に関係しています。途上国の子供が学校に行かずにゴミ拾いをして稼ぐ理由は、結局、家庭が貧困なために働かざるをえないからです。児童労働問題に対しては、条件付き所得移転により、児童労働を減少させ就学率を上げる成果が期待できます。

　ゴミ処分場による環境汚染は、総合科学的視点に立った国際協力により改善すると同時に、ウェイスト・ピッカーに雇用の場を提供することが必要です。

2. 経済学の学び

　本書で取り上げた内容は、日本で私たちが直面している経済問題のほんの一部に過ぎませんが、少しでも経済問題に関心がわき、経済学を学びたいと思っていただけたのであれば幸いです。本書を読んでさらに学習してみたいと思われた方は、各章の【ブックガイド】で紹介される図書を読んでみて下さい。また【研究課題】に取り組んでみましょう。

　さて、高校生のみなさんの日常生活は、経済と無縁ではありません。コンビニで買い物をする、電車に乗る、カラオケに行くなど、お金を払って企業の提供するモノ（財・サービス）を購入しています。これらはすべて経済活動です。一般に、経済活動とはお金のやりとりのある取引のことで、家計、企業、政府（国・地方公共団体）が行っています。経済活動の仕組みを学び、経済活動により発生するさまざまな問題を改善する方法を考えるのが経済学です。

　現実の経済問題を経済学の観点から検討するとき、実はさまざまな角度からアプローチすることが可能です。第5章で取り上げられた国の財政赤字の問題を例にとって説明しましょう。まず、財政赤字が日本経済に与える効果を経済学の理論により厳密に分析することが可能です（理論）。また、日本および海外において財政赤字が累増した歴史的事例を研究することも面白いです（歴史）。海外における財政再建の取り組みを、特定の国を対象として、または複数の国を比較して研究することもあり得ます（制度）。このように、経済学では現実の経済問題を

「理論」、「歴史」、「制度」の多角的な観点から考察します。そして、各観点からの分析に基づき、個々の経済問題に対して政策提言を行います。

グローバル化が進んだ今日、高校生のみなさんの将来の活躍の場は、国内にとどまらず海外にも拡がっています。企業人、公務員、政治家にとっても、経済オンチでは世界で戦うことが困難であり、経済学の学修が必須となっています。

みなさん、経済学を共に学び、世界で活躍しませんか！

執筆者紹介（掲載順）

篠原正博 ［しのはら・まさひろ］
中央大学経済学部教授　（はじめに・おわりに担当）
【担当講義科目】財政学

阿部正浩 ［あべ・まさひろ］
中央大学経済学部教授　（第1章担当）
【担当講義科目】労働経済学

和田光平 ［わだ・こうへい］
中央大学経済学部教授　（第2章担当）
【担当講義科目】人口分析

鬼丸朋子 ［おにまる・ともこ］
中央大学経済学部教授　（第3章担当）
【担当講義科目】労使関係論

佐藤拓也 ［さとう・たくや］
中央大学経済学部教授　（第4章・第4章コラム・第5章コラム担当）
【担当講義科目】マルクス経済学

武田　勝 ［たけだ・まさる］
中央大学経済学部准教授
（第5章・第1章コラム・第3章コラム・第6章コラム担当）
【担当講義科目】日本経済史

伊藤伸介 ［いとう・しんすけ］
中央大学経済学部教授　（第6章担当）
【担当講義科目】経済統計

江川　章 ［えがわ・あきら］
中央大学経済学部准教授　（第7章・第7章コラム担当）
【担当講義科目】農業経済論

小森谷徳純 [こもりや・よしまさ]
中央大学経済学部准教授 （第8章・第8章コラム担当）
【担当講義科目】国際経済学

唐　成 [とう・せい]
中央大学経済学部教授 （第9章担当）
【担当講義科目】世界経済論

佐々木　創 [ささき・そう]
中央大学経済学部教授 （第10章・第10章コラム担当）
【担当講義科目】国際公共政策

本書に関連するウェブサイトはこちら

高校生からの経済入門

2017年8月 5 日　初版第1刷発行
2018年2月25日　初版第2刷発行
2019年8月 5 日　初版第3刷発行
2022年2月25日　初版第4刷発行

編　者　　中央大学経済学部

発行者　　松本雄一郎

発行所　　中央大学出版部
　　　　　〒192-0393 東京都八王子市東中野742-1
　　　　　電話：042-674-2351　FAX：042-674-2354
　　　　　https://up.r.chuo-u.ac.jp/up/

ブックデザイン　　松田行正＋梶原恵

印刷・製本　　藤原印刷株式会社

©Masahiro Shinohara, 2017, Printed in Japan
ISBN 978-4-8057-2710-2

本書の無断複写は、著作権法上での例外を除き、禁じられています。
複写される場合は、その都度、当発行所の許諾を得てください。